华文教育专业建设成果汇编编辑委员会

总主编： 周　静　蔡　丽

成　员（以姓氏拼音排序）：

蔡　丽　李小凤　刘文辉　马绍琅　苏　政　王　玺

许文果　张耀文　周　静　祝晓宏　宗世海

分册主编：

《华文教育专业论文集》　主编：周　静　副主编：张耀文

《华文教育专业学生优秀毕业论文集》　主编：蔡　丽　副主编：王　玺　苏　政

《华文教育专业学生优秀微型教案集》　主编：许文果　副主编：李小凤

《华文教育专业学生优秀作文选》　主编：宗世海　副主编：刘文辉　祝晓宏

华文教育专业建设成果汇编
总主编 周 静 蔡 丽

华文教育专业学生优秀微型教案集

主 编 许文果　　副主编 李小凤

Excellent Miniature Teaching Plan Collection for Students Majoring in Chinese Education

暨南大学出版社
JINAN UNIVERSITY PRESS
中国·广州

图书在版编目（CIP）数据

华文教育专业学生优秀微型教案集/许文果主编;李小凤副主编．—广州：暨南大学出版社，2019.5

（华文教育专业建设成果汇编）

ISBN 978－7－5668－2616－9

Ⅰ.①华…　Ⅱ.①许…②李…　Ⅲ.①华文教育—教案（教育）—汇编　Ⅳ.①G749

中国版本图书馆CIP数据核字（2019）第074154号

华文教育专业学生优秀微型教案集

HUAWEN JIAOYU ZHUANYE XUESHENG YOUXIU WEIXING JIAOAN JI

主　编：许文果　副主编：李小凤

出版人：徐义雄
策划编辑：杜小陆
责任编辑：黄志波　黄少君
责任校对：王莎莎
责任印制：汤慧君　周一丹

出版发行：暨南大学出版社（510630）
电　　话：总编室（8620）85221601
营销部（8620）85225284　85228291　85228292（邮购）
传　　真：（8620）85221583（办公室）　85223774（营销部）
网　　址：http://www.jnupress.com
排　　版：广州良弓广告有限公司
印　　刷：佛山市浩文彩色印刷有限公司
开　　本：787mm×960mm　1/16
印　　张：10.75
字　　数：210千
版　　次：2019年5月第1版
印　　次：2019年5月第1次
定　　价：48.00元

编写说明

为适应海外华文教育迅猛发展的态势，暨南大学于2005年在国内首开华文教育专业。该专业培养具备华文教育的基本知识和专业技能，具有较强的汉语应用能力，熟悉中国文化，能从事华文教学、学校教学管理、汉语应用等方面工作的应用型人才。自第一届学生开始，华文教育专业就设置了“华文教育专业技能训练”课程，专门训练学生的教案设计能力以及各项课堂教学技能。该课程要求学生每个学期都必须撰写一份微型教案并进行一次微型教学。华文教育系给每个学生配备指导教师，在教案撰写、微型教学等方面给予全程指导。

众所周知，教案包含教学对象、教学内容、教学目标、教学重点、教学难点、教学方法、教具准备、教学过程等几个基本要素。但是，同样的教学内容会有不同的设计方式，因此会出现不同的教案。所以，我们特意选了一些教学内容一样但设计不同的教案，以体现教案设计的灵活性。

另外，在学生进行专业技能训练的过程中，为加强针对性，我们选取不同的语言要素进行教案设计，形成了针对汉字、词语、语法、课文的各类教案，同时也有将不同语言要素融合在一起进行设计的综合教案。

自2005年至今，在师生的共同努力下，华文教育专业技能训练中涌现出了很多优秀教案。我们将这些优秀教案汇集成册，希望能给有志于华文教学的学习者提供参考。由于篇幅有限，我们先选出25篇教案集成第一册，其他优秀教案将会陆续成册。

编者

2019年1月

目　录

综合篇

汉字篇

《中文》第三册第九课《蔡伦造纸》

一、试讲学生

陈娜丽（2005 级 B 班，印度尼西亚）

二、指导教师

蔡丽

三、课　　型

精读课

四、教学对象

小学二年级学生（海外 7 ~9 岁的华裔儿童）

五、教学目标

（1）学会 7 个生字（决、皮、破、布、打、干、之），要求会读会写。
（2）理解生字的意思，并能组词。
（3）能辨别形近字，知道生字的部首。
（4）能区别读音相同或相近的字。

六、教学内容

《中文》第三册第九课《蔡伦造纸》生字：决、皮、破、布、打、干、之

七、教学重点

理解生字的意思，并能组词

八、教学难点

（1）能辨别形近字，知道生字的部首。
（2）能区别读音相同或相近的字。

九、教具准备

白板、多媒体（PPT）

十、教学时间

15 分钟

十一、教学过程

（一）导入新课

同学们，你们好！上一节课我们学了什么字，可以说给老师听听吗？（学生回答）嗯，同学们都复习得很不错。那现在，我们再继续学剩下的生字。

（二）生字教学

1. 朗读生字
（1）请同学们跟着老师读，每个字读两遍。

（2）指名学生轮流读。

2. 讲解生字

（1）带写生字，老师在白板上写，学生在本子上写。老师边写边说出汉字笔画的名称。

（2）依据每个生字的特点逐个讲解生字的笔画、笔顺、部首，指出易错笔画，辨析形近字。

（3）讲解生字的意思，并组词（老师给提示，让学生组词）。

每个生字的具体教学内容如下：

A. 决 jué

笔顺：点、点、横折、横、撇、捺

笔画：6 画，左右结构

部首：冫

注意：左部是冫，不是氵

生字搭配：决心（下决心；我决心以后再也不迟到了。）

决定（我决定不去参加晚会。）

B. 皮 pí

笔顺：横钩、撇、竖、横撇、捺

笔画：5 画，独体

部首：皮

生字搭配：树皮（一块树皮）

皮肤（小白皮肤很白。）

皮包（图示，一个皮包）

C. 破 pò

笔顺：横、撇、竖、横折、横、横钩、撇、竖、横撇、捺

笔画：10 画，左右结构

部首：石

生字搭配：破布（这块布有很多洞，我们叫它破布。）

衣服破了。/鞋子破了。（图示）

D. 布 bù

笔顺：横、撇、竖、横折钩、竖

笔画：5 画，上下结构

部首：巾

生字搭配：破布/白布

布娃娃（请同学们看 PPT，这个娃娃是用什么做的呢？）

布包（刚才我们学了皮包，现在请同学们看 PPT，这个可爱的包包是用什么做成的呢？它是用布做成的，所以叫它布包。）

E. 打 dǎ

笔顺：横、竖钩、提、横、竖钩

笔画：5 画，左右结构

部首：扌

生字搭配：打开（教室里很热，请你把窗户打开。）

打球（同学们在外边打球。）

打破（图示，打破窗户）

F. 干 gān

笔顺：横、横、竖

笔画：3 画，独体

部首：干

注意：写“干”时别写成“千”

生字搭配：干草（请同学们看 PPT，很久没有下雨，这些草已经干了，所以我们叫它们“干草”。）

饼干（请同学们看 PPT，同学们喜欢吃饼干吗？）

衣服干了。（图示）

G. 之 zhī

笔顺：点、横撇、捺

笔画：3 画，独体

部首：丶

字义：“的”的意思。“之”是书面语，而“的”是口语

生字搭配：之一（中国四大发明有造纸术、指南针、火药和印刷术。“造纸术是中国古代四大发明之一。”或者说：“造纸术是中国古代四大发明的其中一个。”）

之中（我们班最聪明的同学就在他们三人之中。）

（三）练习

1. 提问，请学生快速回答

（1）“破”一共有______画，左边是______，右边是______。

(2)“打”一共有______画，左边是______，右边是______。
(3)“决”一共有______画，左边是______，右边是______。
(4)“打”的部首是______。
(5)“破”的部首是______。
(6)“皮”的部首是______。

2. 连一连

打	皮
决	草
树	破
干	心

3. 组词语

(1) 干：____________ ____________
(2) 决：____________ ____________
(3) 破：____________ ____________
(4) 皮：____________ ____________
(5) 打：____________ ____________

4. 填空

(1) 蔡伦把树________、草和________布泡在水里。
(2) 我________心做个好学生。
(3) 对不起，我不小心把你的花瓶________破了。
(4) 这块________颜色很好看，给你做衣服一定很好看。
(5) 纸浆晒________了以后，就变成了纸。
(6) 树皮、草和破布泡在水里，________纸浆。

【教案点评】

这则教案是针对汉字教学部分设计的，教学环节安排合理，生字教学内容全面，包括音、形、义三个方面。在形体讲解方面，能针对教学对象的水平，在讲解笔画、笔顺的基础上，引入部首、结构的分析；重视对易错笔画的辨析；重视对字的用法的讲解。练习部分设计的形式较为多样，有利于巩固学生对所学汉字的掌握，为接下来的词语及课文教学奠定基础。

（点评教师：蔡丽）

《中文》第四册第九课《数星星的孩子》

一、试讲学生

陈敬培（2009 级 C 班，菲律宾）

二、指导教师

刘华

三、课　　型

精读课

四、教学对象

菲律宾小学二年级学生

五、教学目标

（1）掌握生字的读音、笔顺、笔画、结构、部首。
（2）能用生字组词。
（3）能够区分清、请、睛等形近字及同音字。
（4）理解词语的意思并能灵活运用词语。

六、教学内容

《中文》第四册第九课《数星星的孩子》中的汉字：靠、颗、清、努、著

七、教学重点

（1）用正确的笔顺写汉字。
（2）用汉字组词。
（3）灵活运用词语造句。

八、教学难点

清、请、睛等形近字及同音字的区分

九、教具准备

白板、多媒体（PPT）

十、教学时间

15～20 分钟

十一、教学过程

（一）导入新课

问答导入新课：
通过描述晚上的情景导入新课的内容。
引导语：同学们知不知道晚上天空中有什么？
目的语：星星、月亮等。
引导语：对！看看这些图片（展示 PPT），你们觉得美不美啊？

目的语：美！

引导语：好了，我们开始上课吧。今天我们要讲第九课《数星星的孩子》。

（二）学习新课

教生字“靠、颗、清、努、著”，首先一个一个地给学生看这些生字的读音，让学生读两次。其次教学生每个字的部首、结构和笔画。使用白板给学生看生字的笔顺和名称，同时请学生跟着老师在空中用手写一写生字，说一说笔画的名称。老师写完后请两位学生上来将生字写在白板上。最后，通过组词讲解汉字的基本意义，顺便通过图片或者句子讲解词语。

（展示 PPT）

引导语：同学们，我们今天要讲 5 个生字。你们先听老师读，好不好？

目的语：好！

引导语：靠、颗、清、努、著，我们来一起读吧。

（师生一起读生字）

1. 靠

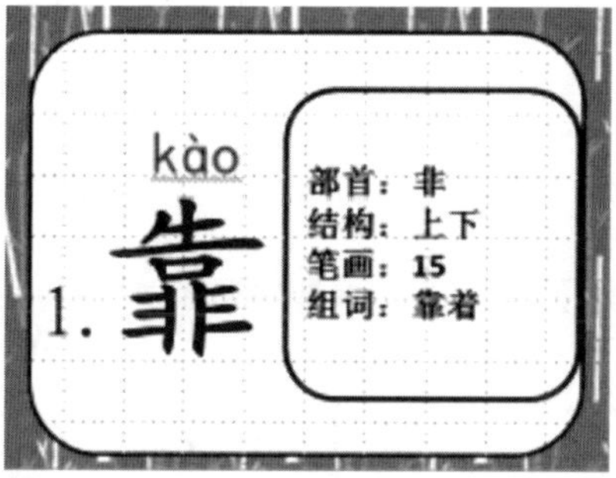

（展示 PPT）

引导语：请同学们读两遍。

目的语：靠！靠！

引导语：同学们知不知道“靠”字的部首？

目的语：非。

引导语：结构呢？

目的语：上下。

引导语：现在我们来一笔一画地学习它的笔顺和笔画，老师写在白板上，请同学们伸出你们的右手在空中跟着老师写，好不好？

目的语：好！

（在白板上边写边说“靠”字的笔顺）

引导语：“靠”字总共有几画？

目的语：15 画。

引导语：看清楚了吗？现在请两位同学上来写。×××和×××！其他同学请看他们写得怎么样。（看同学写的字，是否有错误）

引导语：同学们，他们写得怎么样？

目的语：很好！

引导语：给他们掌声鼓励！“靠”的组词有“靠着”，“靠”是个动词（通过动作讲解“靠着”的意思）。

引导语：现在来看课文中的句子，我们一起读好吗？

目的语：一个孩子坐在院子里，靠着奶奶数天空上的星星。

引导语：（出示图片）大家看一下这幅画，能不能用“靠着”造句并描述这幅画？

目的语：（学生发言）

引导语：都很好，老师是这样想的……，现在让我们一起读。

目的语：这位女士靠着墙想……

2. 颗

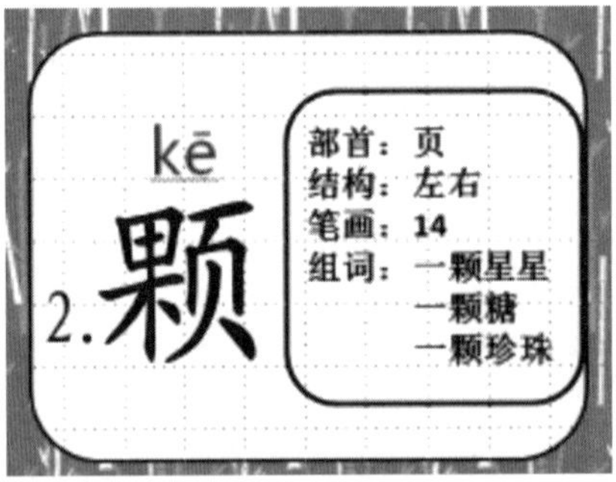

（展示 PPT）

引导语：请同学们读两遍。

目的语：颗！颗！

引导语：同学们知不知道“颗”字的部首？

目的语：页。

引导语：结构呢？

目的语：左右。

引导语：现在我们来一笔一画地学习它的笔顺、笔画，老师写在白板上，请同学们伸出你们的右手在空中跟着老师写，好不好？

目的语：好！

（在白板上边写边说“颗”字的笔顺）

引导语：“颗”字总共有几画？

目的语：14 画。

引导语：看清楚了吗？现在请两位同学上来写。×××和×××！其他同学请看他们写得怎么样。（看同学写的字，是否有错误）

引导语：同学们，他们写得怎么样？

目的语：很好！

引导语：给他们掌声鼓励！同学们知不知道“颗”是什么意思？“颗”是个量词，你们还知道哪些量词？

目的语：个、门、条、只……

引导语：对，我们今天要讲的量词是“颗”，多用于看起来比较小的东西，比如，一颗糖、一颗珍珠、一颗星星。

（展示 PPT，PPT 上有一张“一颗珍珠”的图片和一张“三颗糖”的图片）

引导语：一颗珍珠。盘子上有几颗糖？

目的语：三颗糖。

（展示一张“18 颗星星”的图片）

引导语：同学们，图片上有几颗星星？

目的语：18 颗。

3. 清

（展示 PPT）

引导语：请同学们读两遍。

目的语：清！清！

引导语：同学们知道“清”字的部首吗？

目的语：三点水。

引导语：结构呢？

目的语：左右。

引导语：现在我们来一笔一画地学习它的笔顺、笔画，老师写在白板上，请同学们伸出你们的右手在空中跟着老师写，好不好？

目的语：好！

（在白板上边写边说“清”字的笔顺）

引导语：“清”字总共有几画？

目的语：11 画。

引导语：看清楚了吗？现在请两位同学上来写。×××和×××！其他同学请看他们写得怎么样。（看同学写的字，是否有错误）

引导语：同学们，他们写得怎么样？

目的语：很好！

引导语：给他们掌声鼓励！“清”是个形容词，表示清楚的意思。

（展示两张图片，一张看起来很清楚，一张很模糊）

引导语：哪张图片清楚？

目的语：上面的那张。

引导语：同学们请注意“清”字的部首是三点水，如果写成言字旁，就是另外一个字了，变成“请问”的“请”了。你们还知道哪些跟“清”字形近的字吗？

目的语：情、精、睛、晴等。

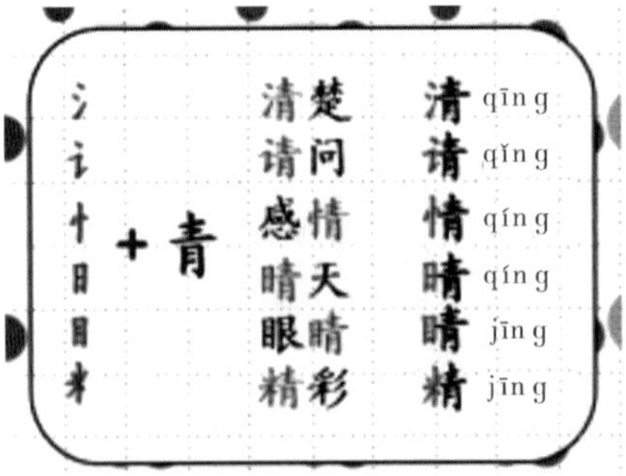

（展示 PPT）

引导语：我们先只看这些最常见的字。我们看着 PPT 读一下好吗？

目的语：三点水加青是清楚的清，竖心旁加青是感情的情，米字旁加青是精彩的精。

引导语：我们来玩个游戏，好不好？

目的语：好！

引导语：老师先说一个部首加青，然后请一位同学说出是哪一个字，比如，老师说言字旁加青，你们就说是请问的请。明白吗？

（游戏过程）

4. 努

（展示 PPT）

引导语：请同学们读两遍。

目的语：努！努！

引导语：同学们知道“努”字的部首吗？

目的语：力。

引导语：结构呢？

目的语：上下。

引导语：现在我们来一笔一画地学习它的笔顺、笔画，老师写在白板上，请同学们伸出你们的右手在空中跟着老师写，好不好？

目的语：好！

（在白板上边写边说“努”字的笔顺）

引导语：“努”字总共有几画？

目的语：7 画。

引导语：看清楚了吗？现在请两位同学上来写。×××和×××！其他同学请看

他们写得怎么样。（看同学写的字，是否有错误）

引导语：同学们，他们写得怎么样？

目的语：很好！

引导语：给他们掌声鼓励！“努”就是努力的意思，是个形容词，比如，努力学习、努力工作。现在让我们一起读课文中的句子。

目的语：他努力学习，长大后成了著名的天文学家。

5. 著

（展示 PPT）

引导语：请同学们读两遍。

目的语：著！著！

引导语：同学们知道“著”字的部首吗？

目的语：草字头。

引导语：结构呢？

目的语：上下。

引导语：现在我们来一笔一画地学习它的笔顺、笔画，老师写在白板上，请同学们伸出你们的右手在空中跟着老师写，好不好？

目的语：好！

（在白板上边写边说“著”字的笔顺）

引导语：“著”字总共有几画？

目的语：11 画。

引导语：看清了吗？现在请两位同学上来写。×××和×××！其他同学请看他们写得怎么样。（看同学写的字，是否有错误）

引导语：同学们，他们写得怎么样？

目的语：很好！

引导语：给他们掌声鼓励！“著”的组词有“著名”，大家知不知道“著名”的意思？“著名”是很有名的意思。比如这位演员。（展示成龙的照片）

目的语：成龙是一位著名的演员。

引导语：除了人之外，“著名”两个字还可以用在别的东西上，比如这个建筑，知道它叫什么吗？（展示“凡尔赛宫”的图片）

目的语：凡尔赛宫。

引导语：那我们可以说，凡尔赛宫是著名的建筑。我们来一起读。

目的语：凡尔赛宫是著名的建筑。

复习：

引导语：同学们，我们复习一下今天所学到的汉字。跟着老师读。

目的语：靠、颗、清、努、著。

（三）课堂练习

1. 选择填空

在白板上写每个汉字的部首、笔画和结构。其中有些空白处需要学生填写。

2. 说出笔画

在 PPT 上展示今天学到的汉字，汉字上的一些笔画是红色的，请学生说出红色部分的笔画和笔顺。

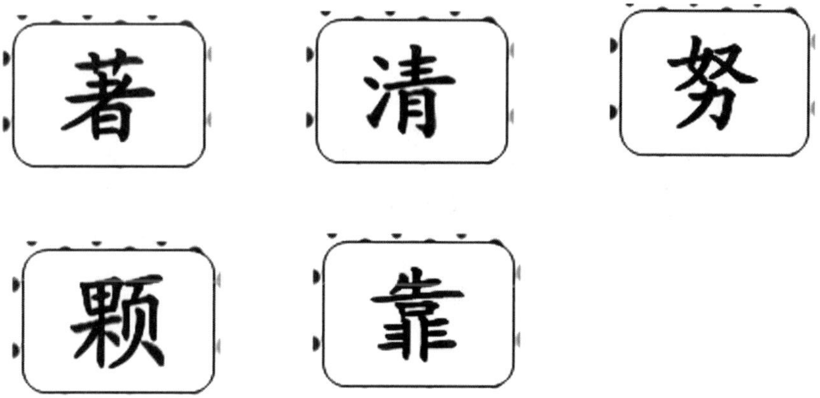

3. 连一连

PPT 上有两行汉字，一行是学到的汉字，另一行是汉字在组词中的另一字。

（四）布置作业

请同学们把今天学过的生字在作业本上抄写五遍。

（五）结束语

好！同学们，今天我们的课就上到这里。同学们回去之后不要忘记做作业，明天上课之前要交给老师。

【教案点评】

在讲解的重点难点上，教案选择非常合理，将文章中突出的知识点体现了出来，并且数量适中，难易程度也很合适。整体上，教学目标明确集中，难点重点突出，内容设计合理。

在教学环节的设计上，教学内容和教学行为的展示非常清楚，简洁易懂，容易操作；教学内容和行为很详细，知识点设置合理，讲解精当；目的语和媒介语分工清楚，并且利用 PPT 截图辅助说明教学行为，非常好！

（点评教师：刘华）

《中文》第四册第十一课《大自然的语言》

一、试讲学生

秀美（2011 级 C2 班，泰国）

二、指导教师

许文果

三、课　　型

精读课

四、教学对象

泰国小学二年级学生

五、教学内容

《中文》第四册第十一课《大自然的语言》中的 4 个汉字：言、搬、冰、叶

六、教学目标

（1）能够按照正确的笔顺写汉字“言、搬、冰、叶”。
（2）能够用正确的语音语调读汉字“言、搬、冰、叶”。

（3）能够理解生字“言、搬、冰、叶”的意思并能组词造句。

七、教学重点

（1）写汉字。
（2）认识汉字的结构。
（3）知道汉字的意思。
（4）组词、造句。

八、教学难点

理解“言”和“搬”的意思

九、教具准备

多媒体（PPT）、白板、卡片

十、教学时间

15～20分钟

十一、教学过程

（一）导入新课

同学们好！上课之前，老师想问问大家，我们班的同学来自不同的国家，每个国家的学生说的语言是不是都不一样呢？

（学生回答：是！）

那你们觉得大自然有语言吗？

（学生思考中）

今天要学习的新课就是《大自然的语言》，我们来看看大自然是怎么说话的。在

学习课文之前，我们先来学习几个生字。（PPT 展示 4 个生字：言、搬、冰、叶）

（二）学生字

1. 言

（1）学音：

老师带读一遍，学生读两遍。

（2）学结构和写法：

老师引导学生："言"是上下结构，部首是"言"（独体字），既是偏旁部首也是字。老师把"言"写在白板上，在写的过程中，要带着学生一起数笔画，并提醒学生"言"字上面三横的长短。接着让学生自己在练习本上写一写。

（3）学义：

言可以组成"语言""千言万语"（老师简单解释"千言万语"的意思）。

2. 搬

（1）学音：

老师带读一遍，学生读两遍。

（2）学结构和写法：

老师把"搬"写在白板上，在写的过程中，带着学生一起数笔画。"搬"是左右结构，它的部首是"扌"（提手旁），说明这个字跟手有关。

由于这个字笔画比较多，较难写，老师要多带写一遍，同时让学生认真写一写，老师及时纠正。

（3）学义：

老师做动作向学生展示"搬"字的意思。

老师指着 PPT 上的图片，引导学生组词："搬家""搬东西"。

老师指着 PPT 上的图片，引导学生造句："小朋友们在搬桌子。"

老师请两个同学到教室前面来搬椅子，引导全班同学说句子："他们在搬椅子。"

3. 冰

（1）学音：

让学生看 PPT，老师带读一遍，学生读两遍。

（2）学结构和写法：

老师把"冰"写在白板上，在写的过程中，带着学生一起数笔画。"冰"是左右结构，它的部首是"冫"。老师引导学生认识这个字跟"水"有关，由"冫"和"水"构成。让学生自己写一写"冰"字。

（3）学义：

“冰”可以组成什么词呢？老师分别给出“冰块”“冰山”的图片，引导学生组词：“冰块”“冰山”。

老师指着 PPT 上的图片问：冬天到了，河里的水会怎么样呢？

展示 PPT 上的句子：冬天到了，河里的水________。（结冰了）

同学们说：冬天到了，河里的水结冰了。

4. 叶

（1）学音：

老师带读一遍，学生读两遍。

（2）学结构和写法：

老师引导学生：“叶”由“口”和“十”组成，是左右结构，它的部首是“口”字旁。让学生自己写一写。

（3）学义：

老师给学生看“叶子”的图片，引导学生明白“叶子”的意思。

引导学生给“叶”组词：“叶子”“树叶”“一片叶子”。

给出不同的图片，引导学生说出“草叶”“树叶”“荷叶”等。

（三）课堂练习和课堂活动

（1）老师出示 4 张字卡，很快闪过，让学生自己读生字。

（2）看汉字写拼音。

（3）看拼音写汉字。

（4）在白板上贴上卡片，卡片上的生字缺部首，请学生上来填写部首。

（5）填空，在每个字旁边填上一个字，组成词语。

（6）最后让学生一起读一遍 4 个汉字。

（四）作业

（1）每个生字抄写三遍。

（2）给每个生字组一个词语，下次上课时交给老师。

（五）结束语

今天我们的课就上到这里。同学们要记得复习今天学的内容，完成作业哦！谢谢同学们，再见！

【教案点评】

在教学过程的设计上，思路非常清晰。每个汉字都沿着“音”“形”“义”“用”四个方面进行，有条不紊。

在教学理念上，教师坚持以学生为中心，强调直观性教学。常用“动作”“图片”等，设置情境，引导学生理解生字的结构和意思。

在教学方式上，教师注意到了讲练结合。每讲一个汉字，教师都让学生自己写一写，让学生根据图片、动作等，自己来组词或者造句。

在练习形式上，形式多样，紧紧围绕教学目标进行，比较好地巩固了学习成果。

如果能提升课堂教学的趣味性，教学效果会更好。

（点评教师：许文果）

词语篇

《汉语》第三册第五课《北京的四季》

一、试讲学生

张妮（2013 级 C1 班，泰国）

二、指导教师

刘文辉

三、教学对象

泰国小学三年级学生

四、使用教材

《汉语》第三册第五课《北京的四季》

五、教学内容

（1）复习第四课的生词。
（2）学习第五课的词语。

六、教学目标

（1）能够准确地读出每个生词的读音。

（2）能够理解每个生词的意思并且会运用。
（3）能够写出每个生词。

七、教学重点

（1）理解生词的意思。
（2）掌握生词的写法。

八、教学难点

（1）学会“候”的写法。
（2）学会每个生词的用法。

九、教学方法

（1）使用多媒体教学。
（2）翻译法。
（3）指示法。

十、教具准备

多媒体（PPT）、白板

十一、教学时间

15 ~ 20 分钟

十二、教学过程

（一）导入内容

同学们下午好！上午上课怎么样？累不累？（累！）最近天气凉了，大家要多穿衣服哦！不要感冒了。大家说一说：现在是什么季节啊？我们泰国有几个季节呢？（三个！）有人知道中国有几个季节吗？（四个！）对了！中国有四个季节，上课之前我们先来复习一下第四课的生词吧！

（二）复习第四课的词语

（1）在 PPT 上展示中国一年四季的图片，一个一个地向大家提问是什么季节，同时在 PPT 上展示生词（春天、夏天、秋天和冬天），最后让同学们读一遍。

（2）在 PPT 上展示两个孩子（小张和小华）的图片，小张穿得很多，小华穿得很少，还吃着冰激凌。提问大家：小张怎么样？小华怎么样？同时在 PPT 上展示生词（冷和热），最后让同学们读一遍。

（三）学习生词（城市、美丽、刮、有时候）

1．城市

（1）在 PPT 上展示图片（城市），问大家怎么读，学生回答：chéng shì。同时在 PPT 上展示城市的拼音（chéng shì），请同学们注意声调不要读错，让同学们读一遍，然后提问：有人知道“城市”是什么意思吗？学生回答知道或者不知道。在 PPT 上展示**เมือง**，接着展出两张图片（城市和乡村），提问大家哪个是城市，最后再问大家明不明白。

城市（chéng shì）[①]

① 插画作者：暨南大学华文教育专业 2015 级 A 班学生徐汉忠。

乡村①

（2）在 PPT 上展示城市的图片（城市里的车很多），让大家看图片，然后把 PPT 上的例子读一遍。继续展示城市里的图片，请同学们看图片，然后提问：我们可以怎么说呢？学生回答问题，同时在 PPT 上展示答案（城市里有很多大楼）。最后让同学们再集体读一遍。

城市里的车很多②

① 插画作者：暨南大学华文教育专业 2015 级 A 班学生徐汉忠。
② 插画作者：暨南大学华文教育专业 2015 级 A 班学生徐汉忠。

2. 美丽

（1）先在 PPT 上展示图片（美丽），问大家怎么读，学生回答：měi lì。同时在 PPT 上展示美丽的拼音（měi lì），请同学们注意声调不要读错，让同学们读一遍，然后提问：有人知道“美丽”是什么意思吗？学生回答知道或者不知道。在 PPT 上展示 **สวยงาม**，接着展示第一张图片（很丑的图片），提问：这美丽吗？学生回答的同时展示第二张图片（很美的图片），再提问：这个呢？对了！这才是美丽，现在大家都懂得美丽是什么意思了吧？

不美丽①

美丽（měi lì）②

（2）在 PPT 上展示三张图片（北京的夜景、一朵花和普吉岛的天空），首先让同学们看第一张图片（北京的夜景），提问：北京美不美丽？（美丽！）那我们可以怎么说？同时在 PPT 上展示句子：“北京是一个美丽的城市。”让同学们读一遍。然后请同学们看第二张图片（一朵花），提问：这朵花怎么样？很美是吧？（对！）那我们怎么说呢？同时在 PPT 上展示短语“美丽的花朵”。最后请大家看第三张图片（普吉岛的天空），提问：这是泰国的什么地方？（普吉岛）普吉岛的天空怎么样？美不美丽？同时在 PPT 上展示一个句子：“普吉岛的天空很美丽。”向同学们强调：我们可以说美丽的什么什么，也可以说什么（东西、地方、人）很美丽。

（3）老师给出 PPT 上的图片，请学生用“美丽”说出一个句子，再次问大家明不明白。

3. 刮

（1）先在 PPT 上展示“刮”，同时展示刮的拼音“guā”，先让学生读一遍，请同

① 插画作者：暨南大学华文教育专业 2015 级 A 班学生唐晓霞。
② 插画作者：暨南大学华文教育专业 2015 级 A 班学生唐晓霞。

学们注意声调不要读错，然后提问：有人知道“刮”是什么意思吗？学生回答知道或者不知道。在 PPT 上展示พัด，同时展示刮风的图片。

（2）在 PPT 上展示北京刮风的图片，提问：北京的春天怎么样？请同学们回答，同时在 PPT 上展示：“北京的春天常常刮风。”请同学们读一遍，然后在 PPT 上展示刮大风的图片，提问：如果风很大呢，我们应该怎么说？同时在 PPT 上展示（刮大风）。

刮大风①

（3）请同学们用“刮”说出一个句子，再次问大家明不明白。

4. 有时候

（1）在 PPT 上展示“有时候”及其拼音“yǒu shí hou”，请同学们注意声调不要读错。请同学们读一遍，然后提问：有人知道“有时候”是什么意思吗？学生回答后，在 PPT 上展示บางครั้ง，同时展示北京冬天下雪的图片（如下图）② 和句子：“北京的冬天很冷，有时候会下雪。”提问：北京的冬天怎么样？冷不冷？然后请同学们读 PPT 上的句子。

① 插画作者：暨南大学华文教育专业 2015 级 A 班学生徐汉忠。

② 插画作者：暨南大学华文教育专业 2015 级 A 班学生徐汉忠。

（2）在 PPT 上展示图片[①]（小明正在做作业和正在玩游戏）和问题（小明放学回家做什么），请同学们看图片，然后回答 PPT 上的问题，学生回答时在 PPT 上展示答案（小明放学回家做作业，有时候玩游戏），请同学们读一遍。

（3）在 PPT 上展示图片[②]（小明在家里听音乐和跟朋友出去玩），提问：小明周末干什么？请同学们看图片，然后回答问题。学生回答时在 PPT 上展示答案（小明周末在家里听音乐，有时候跟朋友出去玩）。请同学们读一遍。

---

① 插画作者：暨南大学华文教育专业 2015 级 A 班学生唐晓霞

② 插画作者：暨南大学华文教育专业 2015 级 A 班学生唐晓霞。

（4）请同学们用“有时候”说出一个句子，再次问大家明不明白。

（四）课堂练习

读一读，写一写，写出下面的生词。（给同学们拼音，让同学们在白板上写出汉字，然后让大家读一遍）

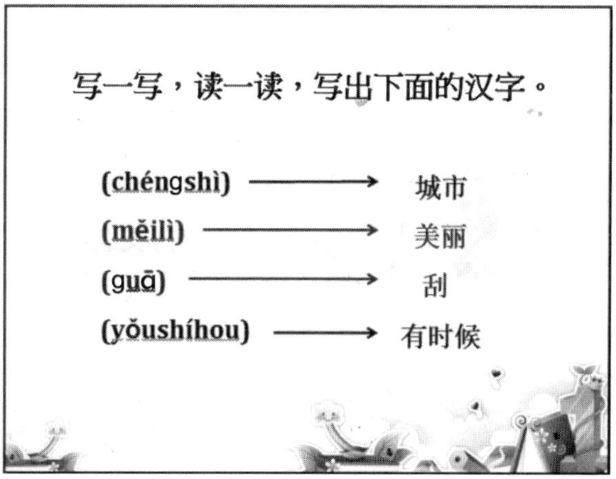

（五）布置作业

请同学们用今天所学的生词各造一个句子。

（六）结束语

对于今天学的生词大家有什么问题吗？如果没有就回家好好做作业，星期一交给班长。如果谁没有交作业，就上台跳舞好不好？回家了要好好复习哦！下次老师要听写的。今天的课就上到这里，谢谢大家！

【教案点评】

张妮同学的教案是《汉语》第三册第五课《北京的四季》，教学对象是泰国小学三年级的学生，主要的教学内容包括复习和学习生词“城市”“美丽”“刮”和“有时候”等。

从整体上看，该教案设计美观大方，其所选图片（如四季风景照）不仅十分恰当、切合主题，而且精致漂亮，为教案增色不少。从教案设计环节上看，该教案设计合理、完整，既有导入语、复习上一课环节，又有生词学习、练习、布置作业和结束语等环节，而生词学习的环节又包括了展示读音、词义和用法等三个部分。另外，该教案在具体的选词造句方面也能够做到贴近泰国学生的实际情况，比如导语阶段，问学生“泰国有几个季节”，举例时以“普吉岛的天空很美丽”等为例，一下子拉近了学生与课文的距离。

还需要特别指出的是，该教案的作者为学习华文教育专业仅两年的泰国籍C班学生，能做出如此出色的教案，实属难能可贵，应予以大力肯定。

（点评教师：刘文辉）

《汉语》第四册第二课《你从哪儿来》

一、试讲学生

胡秀菊（2012 级 C1 班，印度尼西亚）

二、指导教师

许文果

三、课　　型

精读课

四、教学对象

印度尼西亚小学二年级学生

五、教学目标

（1）学写部首“钅”和“纟”。
（2）会读、会写“从、弹、钢琴、介绍、鼓掌、欢迎”。
（3）理解“从、弹、钢琴、介绍、鼓掌、欢迎”的意思，并能灵活运用。

六、教学内容

《汉语》第四册第二课《你从哪儿来》中的生词：从、弹、钢琴、介绍、鼓掌、欢迎

七、教学重点

（1）通过讲解与练习，学生掌握相关生字的音、形、义以及词语的意思和用法。
（2）掌握部首“钅”和“纟”。

八、教学难点

“介绍”“欢迎”的意思及用法

九、教具准备

多媒体（PPT）、白板、白板笔

十、教学时间

约30分钟

十一、教学过程

（一）导入新课（1分钟）

同学们，下午好！上节课我们已经学了第一课的内容，那么今天，我们来学一学新的内容。

（老师以提问的方式来加强学生对生词的了解）

师：你们第一天来上课时，认不认识别的同学？

生：（目的语）不认识。

师：我们该怎么做才能互相认识呢？

生：（目的语）让他来说说他的名字。

师：如果他来说说他的名字、多少岁等，我们就可以说“他介绍自己”。我们今天要学的内容就跟这个有关。现在，跟着老师读我们今天要学的几个生词。

（二）学生词（15 分钟）

老师在 PPT 上出示 6 个生词（从、弹、钢琴、介绍、鼓掌、欢迎），并带学生朗读一遍。接着老师解释生词的意思、笔顺、部首、组词和造句等。

1. 从

部首：人。

笔画：4 画。

结构：左右结构。

师：（展示教室和宿舍的图片）现在小花在教室里，我们要打电话给她，叫她来宿舍。我们可以怎么说？

生：（目的语）小花从教室来宿舍。

师：妈妈回到家了，她刚刚去商场买东西了。我们用“从”可以怎么说？

生：（目的语）妈妈从商场回来了。

老师引导学生并板书结构。

从 + 哪里……
从教室……
从商场……

师：昨天老师布置了作业，8: 00，你开始做作业，做了两个小时。我们可以说“我从 8 点开始做作业”。

师：你从几点开始吃早餐的？

生：我从 6: 30 开始吃早餐。

老师引导学生并板书结构。

从 + 时间……
从今天……
从早上……

造句：设置情境，引导学生自己造句。

生 1：小明刚从老师那儿回来。

生 2：我们从今天开始学第二课。

师：全班一起读句子。

学生读句子。

2. 弹

结构：左右结构，由“弓”和“单”组合起来。

意思：（在讲课时老师做出“弹”的动作）

多音：除了读成“tán ”，还可以读成“dàn”，指可以用力发射出去的小丸。（图片）

部首：“弓”。

笔顺：

师：请同学们把手举起来，我们一起在空中边写边说笔画名称。接下来，请同学们拿起自己的笔，跟着老师写在本子上。

笔画：

师：大家再写一遍，数一数“弹”字有几个笔画。

生：11 画。

组词：

师：（做弹钢琴的动作）这个动作可以怎么说？

生：弹钢琴。

师：（在 PPT 上展示动态图：边弹边唱）这可以用哪个词语来说？

生：弹唱。

造句：教师展示图片，设置情境，引导学生自己造句。

生 1：我在学校学弹钢琴。

生 2：我的爱好是弹钢琴。

师：全班一起读句子。

学生读句子。

3. 钢琴

教师展示“钢琴”图片，帮助学生理解钢琴的意思。

结构：“钢”是左右结构，“钢”是由“钅”和“冈”组合起来的。

“琴”是上下结构，“琴”是由上面的两个“王”和下面的“今”组合起来的。

部首：“钢”的部首是“钅”，“琴”的部首是“王”。

笔顺：

师：请同学们把手举起来，我们一起在空中边写边说笔画名称。接下来，请同学们拿起自己的笔，跟着老师写在本子上。

笔画：

师：同学们自己再写一遍，数一数“钢”“琴”各有几个笔画？

生：“钢”有9画；“琴”有12画。

组词：

师：（展示“新钢琴”和“旧钢琴”图片）可以怎么描述这两张图？

生：新钢琴、旧钢琴。

师：（展示PPT图片）这里有几架钢琴？

生：这里有一架钢琴/两架钢琴。

师：你喜欢弹钢琴吗？

生：我喜欢弹钢琴。

师：请大家把刚才的句子读一遍。

学生读句子。

4．介绍

结构：“介”是上下结构。

“绍”是左右结构。

意思：

师：带着学生回忆上课开始时的场景，问：“这个学生在干什么？”

生：（目的语）这个学生在做自我介绍。（老师在讲课时，可以让一两个学生做自我介绍，帮助学生理解“介绍”的意思）

部首：

师：指着PPT上的字，“介”的部首是“人”。“绍”的部首是“纟”。“绍”字里面有一个“口”，跟嘴有关，所以同学们可以用这个方法来记住这个生词。

笔顺：

师：请同学们把手举起来，我们一起在空中边写边说笔画名称。接下来，请同学们拿起自己的笔，跟着老师写在本子上。

学生跟着老师写字，然后写在自己的本子上。

笔画：

师：大家再写一遍，数一数这两个字分别有几个笔画？

生：“介”有4画；“绍”有8画。

组词和造句：

师：我叫胡秀菊，我今年19岁。我现在在做什么呢？请大家说一个句子。

生：老师在介绍自己。

老师板书：老师在介绍自己。

师：今天我们班来了一个新同学，他叫王明明，他很喜欢弹钢琴。我在做什么呢？

生：老师在介绍新同学。

老师板书：老师在介绍新同学。

师：请大家读一遍这两个句子：老师在介绍自己。老师在介绍新同学。

5. 鼓掌

意思：（老师做“鼓掌”的动作，让学生明白“鼓掌”的意思）

结构：

师：（指着 PPT 上的字）“鼓”是什么结构？“掌”是什么结构？

生：“鼓”是左右结构；“掌”是上下结构。

部首：

师：“鼓”的部首是“士”；“掌”的部首是“手”，手字旁一般都跟手有关，所以同学们可以用两只手拍在一起的方法来记住这个生词的意思。

笔顺：

师：请同学们把手举起来，我们一起在空中边写边说笔画名称。接下来，请同学们拿起自己的笔，跟着老师写在本子上。

笔画：

师：请大家再写一遍，数一数“鼓”“掌”分别有几个笔画？

生：“鼓”有 13 画；“掌”有 12 画。

组词：

师：（做出热烈鼓掌的动作）这样我们可以怎么说呢？

生：热烈鼓掌。

师：我们还可以说“一起鼓掌”“鼓一下掌”。（引导学生自己组词）

造句：

师：（请一个同学来扮演新同学从教室外面走进来）他进来了，我们可以说一个句子，是什么呢？

生：我们一起鼓掌欢迎新同学。

师：我们看完别人的表演之后，要做什么呢？

生：我们看完表演后，要一起鼓掌。

6. 欢迎

意思：

师：我们班来了新同学，我们要对他怎么样？这个时候我们可以说：我们欢迎新同学。（PPT 展示词语“欢迎”和句子：我们欢迎新同学。）

结构：“欢”是左右结构，“迎”是半包围结构。

部首：“欢”的部首是“欠”；“迎”的部首是“辶”。

笔顺：

师：请同学们把手举起来，我们一起在空中边写边说笔画名称。接下来，请同学们拿起自己的笔，跟着老师写在本子上。

笔画：

师：请大家再写一遍，数一数这两个字分别有几个笔画？

生：“欢”有 6 画；“迎”有 7 画。

组词：受欢迎、欢迎新同学（引导学生自己组词）。

造句：

师：我们去那个学校时，他们一起鼓掌。我们还可以怎么说呢？

生：他们鼓掌欢迎我们。

师：现在，我要请一个同学来表演一个节目，现在大家要做什么？

生：我们鼓掌欢迎他表演节目。

小复习：PPT 展示“从、弹、钢琴、介绍、鼓掌、欢迎”，学生自己读一遍，教师纠正发音。

（三）练习与游戏（13 分钟）

1. 汉字竞赛

游戏需要分两组进行，同学们必须在指定的时间内以最快的速度把以下汉字写在白板上：鼓掌、欢迎、从、弹、钢琴、介绍。

2. 汉字王

游戏需分两组进行，老师会给同学们指定几个部首，并且在 5 秒钟内写出至少两个跟部首有关的汉字，写得越多且越正确的组将赢得这个比赛。

a. 氵____________

b. 人____________

c. 辶____________

d. 弓____________

e. 口____________

f. 讠____________

3．连一连

如 PPT 所示：

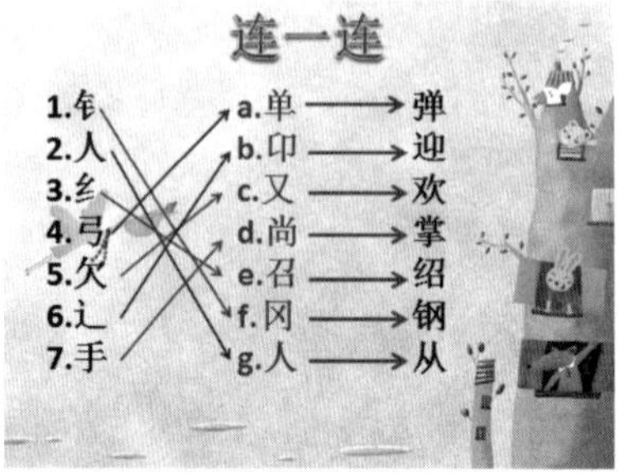

4．数笔画

如 PPT 所示：

5．填空题

如 PPT 所示：

6. 造句

如 PPT 所示：

（四）总结、布置作业（1 分钟）

师：我们今天都学了哪些词语呀？

生：从、弹、钢琴、介绍、鼓掌、欢迎。

师：很好！大家都学会了这些生词。我们今天的作业是：

（1）用今天学过的词语各造一个句子写在作业本上。

（2）预习课文。

（五）结束语（0.5 分钟）

我们的课就上到这里，下课！

【教案点评】

这是一则混合了汉字和词语的教案。本教案的对象是小学二年级的学生，他们还处在汉语学习的初级阶段，在词语教学中，教师需要注意汉字的写法。因此，教师在教学过程中边讲词语边讲汉字的做法是可取的。在教学顺序上，教师采用了“字—词—句”的顺序。对于每个词语，教师先讲清楚词语中每个汉字的音、形、义，然后组词和造句，符合循序渐进的教学原则。练习形式多样，分别针对汉字和词语设计了不同的练习题，较好地巩固了学习成果。而且在练习中，教师注意到了竞赛、游戏方式对课堂产生的积极作用。

需要提出的是，这则教案在教学方法上还比较传统，对于汉字和词语教学的新手有一定的借鉴意义，但创新性不强。建议在教学过程中，调整一下教学内容的顺序，以便增强教学过程的逻辑性；同时应加强对学生的启发和引导。

（点评教师：许文果）

《汉语》第六册第四课《唐人街的国庆节》

一、试讲学生

百丽（2012 级 B 班，泰国）

二、指导教师

常芳清

三、教学对象

泰国小学四年级学生

四、使用教材

《汉语》第六册

五、教学内容

第四课《唐人街的国庆节》12 个生词

六、教学目标

（1）让学生学会课文中的 12 个生词。
（2）让学生读准每个生词并且理解意思。

（3）让学生知道该怎么用所学的生词造句。

七、教学重点

（1）生词造句。
（2）生词的标准读音。

八、教学难点

（1）真正理解生词的意思。
（2）会使用生词造句。

九、教具准备

多媒体（PPT）、白板、白板笔

十、教学时间

30 分钟

十一、教学过程

（一）导入课文（大概 2 分钟）

老师：同学们好！
学生：老师好！
老师：今天呢，我们要学习新的内容。大家认真听课，做对老师出的题日会有奖品哦。如果不好好听课，是要受惩罚的哦。大家想不想得到奖品？
学生：想！
老师：有谁去过唐人街吗？没有吗？那你们想知道唐人街有什么吗？
学生：想！

老师：如果想知道的话老师就带你们去看看，好不好？

学生：好。

老师：现在请同学们把课本翻到第 25 页，跟老师读“唐人街的国庆节”。

学生：唐人街的国庆节。

（二）读生词（大概 2 分钟）

老师：进入课文之前我们先来读一读生词吧。请同学们跟着老师读。

学生读生词。

老师：同学们读得很棒！很标准！给自己掌声鼓励。

（三）教生词（大概 10 ~ 15 分钟）

1. 抱

老师：好！现在我们来看第一个生词是什么意思。首先跟着老师读“抱”。

学生：抱。

老师：谁知道“抱”是什么意思？对了，“抱”就是这样子的动作。（教师示范抱着布娃娃的动作）

老师：你们有没有抱过你们的爸爸妈妈呢？

学生：有啊。

老师：哇！你们都是好孩子啊。接下来我们看“抱”可以组成什么词。跟着老师念“抱着盒子”“抱着娃娃”。你们看这张图（出示 PPT），她是不是在抱着盒子啊？还有，这个女孩是不是在抱着娃娃啊？好，我们来看例句，跟着老师读：“抱着娃娃的小女孩真可爱。”

学生：抱着娃娃的小女孩真可爱。

老师：读“抱”的时候要注意“抱”的偏旁是“扌”，如果偏旁变了，意思也会变的。比如：“饱”，读“bǎo”，偏旁变成“饣”，意思是吃好了。

2. 娃娃

老师：这个词怎么读？

学生：娃娃。

老师：（拿三个布娃娃给学生看）这些叫娃娃，女孩子一般都很喜欢。这些娃娃是布娃娃。×××同学，你有没有布娃娃？

学生×××：有。

老师：你家有几个布娃娃呢？

学生×××：我家有三个布娃娃。

老师：你再问另一个同学，看她家有没有布娃娃。（让学生用刚才老师问的问题问其他同学）

老师：除了刚才老师给你们看的娃娃，还有其他样子的娃娃哦，你们看 PPT 上这张图片，有狗娃娃和熊娃娃。娃娃还有婴儿的意思。好！我们来看例句，跟着老师读“我家有 3 个狗娃娃和 2 个熊娃娃”。

学生：“我家有 3 个狗娃娃和 2 个熊娃娃。”

3. 到处

老师：同学们注意“处”有两个读音，在这里是读“chù”而不是“chǔ”。它的意思是各处、处处。比如说：食堂里到处都是学生。同学们请看这张图片（出示 PPT），它最可能是在哪儿呢？是不是在唐人街啊？你们看图片里是不是挂着很多灯笼，这里也有，那里也有，所以我们可以说“唐人街上到处都挂着灯笼”。请同学们再把例句读一遍。

学生：唐人街上到处都挂着灯笼。

老师：现在你们明白“到处”是什么意思了吗？谁能用“到处”说一句话？

学生：明白了！校园里到处都是树。

4. 灯笼

老师：（出示 PPT）刚才我们看了灯笼是什么样的对吧？接下来我们来看灯笼可以组成哪些词语。首先跟着老师读“灯笼”。

学生：灯笼。

老师：“灯笼”怎么组词呢？我们可以说一盏灯笼或者一个灯笼，盏和个都是灯笼的量词。还可以说红灯笼。你们看灯笼除了红色还有其他颜色吗？

学生：有绿色和黄色的。

老师：那我们什么时候才挂灯笼呢？

学生：过年的时候。

老师：对了！你们很棒。（板书：一盏灯笼、一个灯笼、红灯笼、挂灯笼）

老师：除了过年，国庆节的时候唐人街也会挂灯笼。这是例句，谁愿意读给老师听？你们不要怕！读错了也没事，试试看。

学生×××：我来读吧，老师。“唐人街可热闹了，有各式各样的灯笼。”

老师：读得很流利！我们给×××同学鼓掌吧。

5. 各式各样

老师：请跟老师读“各式各样”。

学生：各式各样。

老师：（出示 PPT）你们看这张图片，上面是不是有很多水果啊？这些水果叫什么？

学生：西瓜、菠萝、香蕉、苹果、梨子、橘子……

老师：很好，大家说这张图片上的水果种类多吗？

学生：很多。

老师：对了，有很多种水果，我们可以说有各式各样的水果。（再出示一张 PPT）同学们，这些叫中国结。你们看，是不是有很多不同颜色、不同样子的中国结啊？我们可以怎么说呢？

学生：各式各样的中国结。

老师：很厉害哦。这表示你们真的懂"各式各样"的意思了。接下来我们来看例句，跟着老师读："唐人街到处挂着各式各样的中国结。"

学生：唐人街到处挂着各式各样的中国结。

6. 纪念品

老师先带着学生读，然后让学生自己读。

老师：你们去旅游的时候有没有买那些可以保留下来很久很久的东西啊？

学生：有。

老师：那些就叫纪念品（出示 PPT 给学生看）。它可以组词：中国纪念品、旅游纪念品。请跟老师读例句："上次去北京旅游时，我买了很多纪念品。"

学生：上次去北京旅游时，我买了很多纪念品。

7. 品尝

老师：同学们请跟老师读"品尝"。

学生：品尝。

老师：品尝的意思是尝一尝，但比较正式。请跟老师读它的组词"品尝小吃"。

学生：品尝小吃。

老师：品尝点心。

学生：品尝点心。

老师：（出示 PPT）接下来请同学们看这位厨师，因为她想知道自己煮的汤好不好喝，所以请朋友品尝她煮的汤。请同学们跟老师读："厨师请朋友品尝她煮的汤。"

学生：厨师请朋友品尝她煮的汤。

老师：还有这张图，她们想知道月饼的味道是怎样的，所以她们品尝中国月饼。请同学们跟老师读："她们品尝中国月饼。"

学生：她们品尝中国月饼。

8. 小吃

老师：请同学们跟老师读“小吃”。

学生：小吃。

老师：（出示 PPT 上小吃的图片）大家看着这些美食，怎么样，想吃了吗？

学生：想吃了，老师。

老师：好吧。既然你们那么想吃，那下节课老师就带给你们吃，好不好？

学生：好啊，好啊！

老师：小吃就是点心，一般来说分量比较少。我们来看组词（出示 PPT 上中国和泰国小吃的图片），跟老师读“中国小吃”。

学生：中国小吃。

老师：泰国小吃。

学生：泰国小吃。

老师：接下来我们看例句，请跟老师读：“我不太饿，来点小吃就够了。”

学生：我不太饿，来点小吃就够了。

老师：中国的小吃都很好吃。

学生：中国的小吃都很好吃。

9. 狮子

老师：请跟老师读“狮子”。

学生：狮子。

老师：（出示 PPT 上狮子的图片）这是什么？这个是公狮子，这个是母狮子。其实呢，我们国家的动物园里也有狮子。如果你们想看的话，周末可以跟爸爸妈妈一起去看。比较一下老师给你们看的图片里的狮子跟你们在动物园里看到的是不是一样的。现在请跟老师读例句：“狮子是一种生存在非洲的动物。”

学生：狮子是一种生存在非洲的动物。

老师：（出示 PPT 上一张“舞狮”的图片）这个呢，叫舞狮。舞狮是中国的民间艺术。每头狮子由两个人合作表演，一人舞狮头，一人舞狮尾。表演者在锣鼓音乐下，做出狮子的各种形态动作。这是北方舞狮。（再出示一张图片）这是南方舞狮。我们经常看到的就是南方舞狮。我们来看视频吧，看他们是怎么舞出狮子的动作的。

（播放舞狮视频，约 1 分 3 秒）

10. 鼓

老师：请跟老师读“鼓”。

学生：鼓。

老师：看图片（出示 PPT 上打鼓的图片），鼓是一种乐器。我们可以说“打鼓”，也可以说“一面鼓”。请同学们读给老师听。

学生：打鼓、一面鼓。

老师：面就是鼓的量词。现在我们来听一听鼓的声音是怎么样的（播放打鼓的音频文件，大约 40 秒）。这就是打鼓的声音。接下来我们看这张图（出示 PPT），这个小男孩打鼓打得很厉害，对吧？因为他从小就开始学打鼓了。请同学们跟老师读：“他从小就开始学打鼓了。”

学生：他从小就开始学打鼓了。

11. 锣

老师：请跟老师读“锣”。

学生：锣。

老师：锣是一种用锣槌敲打的乐器。我们可以说“敲锣”，也可以说“一面锣”。请同学们读给老师听。

学生：敲锣、一面锣。

老师：“面”也是锣的量词。现在我们来听一听锣的声音是怎么样的（播放敲锣的音频文件，大约 40 秒）。这就是敲锣的声音。接下来我们来读例句，请同学们跟着老师读：“他用锣槌敲这面锣。”

学生：他用锣槌……

12. 吹

老师：请同学们跟老师读“吹”。

学生：吹。

老师：吹就是合拢嘴唇用力出气（同时做动作给学生看）。

学生：那“吹牛”呢？老师。

老师：“吹牛”是说大话的意思。

老师：（出示 PPT）同学们看这张图片，这个男孩的嘴巴是不是这样（模仿图片的动作给学生看），然后用力吹气？

学生：是的！

老师：那就是他在吹对不对？那他在吹什么呢？

学生：吹蜡烛。

老师：对了！跟着老师读“吹蜡烛”。

学生：吹蜡烛。

老师：你们看他们手里有一种乐器。这种乐器叫喇叭。这两个字都有口字旁，表示跟嘴有关。你们看，图片里的三个人是用嘴巴做什么？

学生：吹喇叭。

老师：对了！请跟老师读“吹喇叭”。

学生：吹喇叭。

老师：好！我们来看例句，请跟老师读：小朋友们在课堂上玩吹蜡烛的游戏。

学生：小朋友们在课堂上玩吹蜡烛的游戏。

老师：他们三个在吹喇叭。

学生：他们三个在吹喇叭。

老师：你们都明白今天学的生词的意思了吗？

学生：明白了。

老师：好！那我们来回顾一下刚才我们学了哪些生词。

（四）复习（大概 2 分钟）

老师：我们来复习一下刚才学过的生词。大家一起把每个生词读两遍。

学生读生词。

老师：读得很标准。

（五）游戏（大概 5 分钟）

老师：老师有一个游戏，不知道你们想不想玩。

学生：想。

老师：在×××同学的手里有一个娃娃。当音乐响起之后把娃娃传给旁边的人，一个一个地传，不能扔给别人。当音乐停止的时候娃娃在谁的手里，谁就要站起来。明白了吗？

学生：明白。

老师：好！现在开始。

（音乐停了之后）

老师：×××同学请站起来。请你做“抱”的动作。

学生×××站起来抱了她旁边的同学。

老师：×××同学做得对不对啊？

学生：对。

老师：很好！老师有奖品给你（发奖品给学生×××）。现在我们要开始第二轮

了！一、二、三，开始！（过20秒后音乐停）

老师：娃娃在哪里？好！请站起来，请你在白板上写“各式各样”的拼音。（学生在白板上写 gè shì gè yàng ）。同学们看她写得对不对？

学生：对。

老师：哇！太厉害了。老师给你（在白板上写字的同学）奖品。

（玩游戏的最后一轮）

老师：×××同学请用“娃娃”来造句。

学生×××：我手里拿着一个布娃娃。

老师：好！很棒，给你一个奖品。好了！大家觉得这个游戏好玩吗？还想再玩吗？

学生：想。

老师：那我们下节课再玩好不好？因为我们还要做课堂练习呢。

学生：好的，老师。

（六）练习（大概5分钟）

老师：我们现在进入课堂练习。今天有两个练习，我们先来看第一个练习是什么。

练习一：我会判断（正确的画√，错误的画✕）

老师：请×××同学来回答第一个问题好不好？

1. 鼓是用嘴吹的乐器。 （ ）

学生×××：错的。

老师：为什么是错的呢？

学生×××：因为是打鼓。

老师：我们来看她／他答得对不对。答对了，大家鼓掌鼓励！（发奖品）接下来第二题，谁想回答？好，×××同学请回答第二题。

2. 狮子是一种动物。 （ ）

学生×××：对的。

老师：同学们，她/他回答得对不对呢？我们一起来看答案。答对了，老师给你一个奖品。

3. “面”是锣的量词。 （ ）

学生×××：对的。

老师：我们一起来看答案好吗？哇！答对了，老师给你一个奖品。

4. “到处”的拼音是“dào chù”。 （ ）

学生×××：对的。

老师：我们一起来看答案好吗？哇！答对了，老师给你一个奖品。

［请学生弄清楚“到处”和“处理”的读音。（板书：到处 dào chù　处理 chǔ lǐ）］

老师：最后一题我们一起做吧。

5．“抱”着娃娃的小女孩真可爱。　　（　　）

老师：“抱”是这样写的吗？对不对呢？

学生：对的。

老师：你们真聪明！都答对了。给自己掌声鼓励！

练习二：选择正确的拼音

老师：我们还有另一个练习是选择正确的拼音。这次老师不点名了，大家一起做吧。第一题请跟老师读。

1．唐人街上到处都挂着<u>灯笼</u>。　　（　　）

A．děng lóng　　B．dēng lóng　　C．dēng lǒng

2．小朋友们在课堂上玩<u>吹</u>蜡烛的游戏。　　（　　）

A．chuī　　B．cuì　　C．chuí

3．她们<u>品尝</u>中国月饼。　　（　　）

A．píng cháng　　B．pǐn chàng　　C．pǐn cháng

（学生答对后，老师及时给予表扬，然后让学生再读一遍练习中的3句话）

（七）布置作业（大概0.5分钟）

请同学们课后复习今天学的生词，下节课听写。

（八）结束语（大概0.5分钟）

今天我们就学到这里了。谢谢大家！

【教案点评】

百丽同学备课认真，教学目标明确，教学重点难点突出。教学环节设计清楚，无论是PPT还是视频都做得恰到好处。从强调纪律、提出奖励制度导入新课，接下来的生词教学能从音、形、义几个方面由浅入深、循序渐进地进行。生词的教学方式灵活多样，有的用动作，有的用视频，有的用实物，有的用图片，便于学生理解。能及时纠正学生，也能及时表扬鼓励学生，课堂游戏采用“击鼓传娃娃”的方式，反复复习巩固所学生词。教学过程清晰合理，对形近字“抱”和“饱”、多音字“处（chù chǔ)”都做了特别强调，对一些名词的讲解详略得当。教师用语亲切，个别地方还不乏幽默。板书设计能突出重点。不足之处是课堂练习的题型不够多样化。但总体来说算得上是一篇较成功的微型教学教案。

（点评教师：常芳清）

语法篇

《中文》第一册第十二课《新年到》

一、试讲学生

郭屹峰（2012 级 C1 班，泰国）

二、指导教师

常芳清

三、教学对象

泰国小学二年级学生

四、使用教材

贾益民主编:《中文》（小学版），暨南大学出版社 2007 年版

五、教学目标

（1）让学生掌握“新年真热闹”的句子结构。
（2）能够根据例句，熟练地完成替换练习。
（3）能够利用这一句子结构自由表达。

六、教学内容

《中文》（小学版）第一册第十二课，重点句子“新年真热闹”

七、教学重点

（1）理解并掌握“真……”的句子结构。
（2）设置情境引导学生利用这个句子结构自由表达。

八、教学难点

（1）让学生能够使用这一句式进行表达。
（2）解释这个句子的结构：主语＋“真”＋谓语（形容词）。

九、教具准备

油笔、白板、多媒体（PPT）、卡片

十、教学时间

15 分钟

十一、教学过程

（一）导入

复习课文，用 PPT 展示课文内容，让学生齐读课文，老师朗诵课文，并简单讲解课文意思。引出重点句子：“新年真热闹！”

（二）讲解句型“真……”

1. 由“新年真热闹”引出以下句子
泼水节真热闹！（泰国，PPT 图片展示）
春节真热闹！（中国，PPT 图片展示）
拿到红包，孩子们真高兴！（PPT 图片展示）

2. 教师设置情境让学生根据句子结构来说句子

复习“很”的用法，然后讲“真”的用法。比如：

教师：她的头发＿＿＿＿＿＿＿。

他的衣服＿＿＿＿＿＿＿。

我们的教室＿＿＿＿＿＿＿。

3. 出示PPT图片，引导学生用这个句子结构说句子

西瓜真大！

苹果真多！

他真帅！

天气真热！

（三）课堂练习巩固句型

1. 课堂练习

老师：好了！同学们，老师给你们解释了“真”的用法。你们明白了吗？

学生：明白了。

老师：那老师来提问，看你们是不是真的明白了，现在我们来做一下练习好吗？

学生：好啊！

老师：（PPT显示泰国泼水节图片、姚明与李连杰的合影照）好！同学们，老师先给你们看图片，然后请你们每个人造一个句子，不要跟别人的一样哦。来，我们开始吧。

老师：好了！同学们能说出来吗？我们找一个同学来说一下。（请一位同学说自己的句子）

老师：很好！你的句子是对的。还有谁的句子跟她/他的不一样吗？来说一下……

学生：姚明真高！

学生：泼水节人真多！

老师：老师唱一首歌，大家仔细听：“爱恨就在一瞬间……”（歌曲《贵妃醉酒》）这首歌好听吗？

学生：这首歌真好听！

老师：下面我要请大家一起来做游戏。

2. 课堂游戏练习句型

（1）游戏：开火车。

请同学们看老师手里的卡片，用“真”说一句话，一个接一个说，不能跟别的同学重复，要快速地说，谁卡住了就上来给我们画画儿。

老师出示草莓、冰淇淋、汉堡包、鱼、香蕉、苹果、辣椒、糖果、巧克力、柠檬、咖啡等卡片，让学生看一张说一句话，用上“真”。

同时，在PPT上显示一些形容词，帮助同学们说句子：好吃、好看、好香、酸、甜、苦、辣、多、少、大、小。

同学们争先恐后地说句子：

苹果真甜！

咖啡真苦！

柠檬真酸！

冰淇淋真好吃！

……

（2）游戏：画人脸。

做完开火车的游戏，老师表扬学生们表现得很好！接着请两位同学上来画鼻子和嘴巴。

老师：刚才大家都说得很好，现在请大家看白板，老师画了个什么？

学生：人脸。

老师：对了，同学们，这个人脸上有眼睛，但还没有什么？

学生：鼻子和嘴巴。

老师：对，我要请同学来画。

（学生画鼻子，老师擦掉，说再画大一点儿，反复几次，最后画了一个大大的鼻子。学生画嘴巴，老师擦掉，说再小一点儿，反复几次，最后画了一个小小的嘴巴，就像只有一个点）

老师：请大家看这幅画，可以说鼻子怎么样？嘴巴怎么样？

学生：鼻子真大！

嘴巴真小！

老师：大家说得非常好！今天的内容，老师就讲到这里，下面老师给你们布置作业，请你们回去做。

（四）布置作业

给每位学生发一张练习纸，请大家完成纸上的作业：

1. 练习成句

（1）真　天气　今天　好　的

(2) 真　爸爸　的　好　看　车

(3) 漂亮　妈妈　的　真　衣服

(4) 的　高　真　你　哥哥

(5) 美　老师　的　汉语　我　真

2. 写一写

用“真”写5个与日常生活相关的句子。

(五) 课堂总结、结束语

好了同学们，今天上课怎么样呢？是不是很开心啊？你们要记得做作业哦。

时间差不多了，老师就先讲到这里，有什么不明白的可以问老师，下节课别忘了交作业哦。谢谢大家。

【教案点评】

该教案设计目标明确，符合教学对象的年龄特征，教学重点突出。因课型是综合课，讲授的是语言点“真……”，教学要求兼顾各种语言技能训练。本教案的教学环节设计清楚，有层次，衔接合理，环环相扣，从复习课文导入重点句型的学习，到讲解句型、练习句型，再到用游戏巩固句型，最后总结，布置作业。讲练比例合理，贯彻了讲练结合的原则，教学环节设计合理精细，游戏紧密围绕教学的重点句型展开，既有趣味性，又符合少儿特点，达到了训练的目的。在句型的教学与练习中有说、有唱、有画，形式多样灵活，师生互动多，不失为一篇好教案。若能加入板书设计，在板书上突出重点就更好了。

（点评教师：常芳清）

《汉语》第三册第三课《现在八点半》

一、试讲学生

张美哲（2013 级 C1 班，泰国）

二、指导教师

宗世海

三、教学日期

2015 年 10 月 9 日

四、教学地点

教学楼 203 室

五、教学对象

泰国二年级华人学生

六、使用教材

《汉语》（修订版）第三册

七、教学内容

第三课《现在八点半》句式部分

八、教学目标

（1）掌握用汉语问、答一般时间。
（2）掌握用汉语问、答做事情的时间。

九、教学重点

让学生正确地说出时间，并且能把时间和生活中常用的词语、句子结合起来

十、教学难点

掌握该句型的结构

十一、教学方法

讲解、操练

十二、教具准备

多媒体（PPT）、白板

十三、教学时间

15 分钟

十四、教学过程

（一）导入语（1 分钟）

老师：同学们好！（老师好！）

老师：你们已经二年级了，应该会看时间了吧，大家会不会用汉语来说出时间呢？（不会。）

老师：那我们一起来学习用汉语说出时间的方法吧。（好的。）

（二）讲句型（6 分钟）

请学生读一遍第一个句型：

现在	几点？	
现在	八点。	8:00
现在	八点二十分。	8:20
现在	十一点零五分/十一点过五分。	11:05
现在	十一点十五分/十一点一刻。	11:15
现在	十一点三十分/十一点半。	11:30
现在	十一点五十分/差十分十二点。	11:50

（借助钟表的图片来解释上面的句子）

如果你们想知道现在的时间，你们可以用这个问句提问别人：“现在几点？”

如果长针指向最上端的“十二”，转动短针到“点”，例如转动到“八”，就可以说：“现在八点。”（8:00）

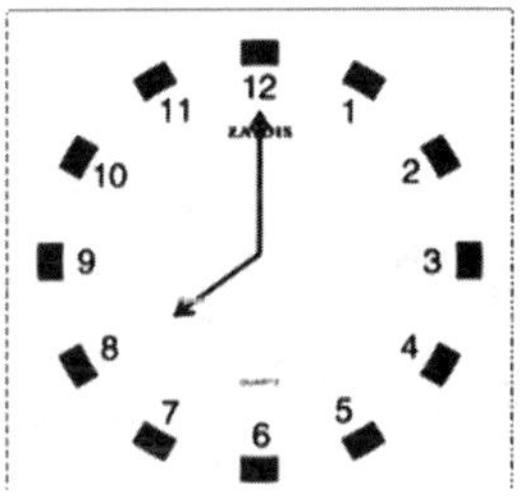

如果长针不是在“十二”这个数字，一般是先说“点”，再说“分”。

例如：现在八点二十分。（8:20）

（再转动短针到别的数字，然后请学生回答，例如：差五分四点，十一点一刻，九点半）

请学生读一遍第二个句型：

你	几点	洗澡？	我	早上七点十分	洗澡。	7:10
你	几点	睡觉？	我	晚上八点半	睡觉。	8:30

老师：如果你们想知道你的朋友或者别人什么时候在做什么，你可以这样问：

谁 + 几点 + 做什么？

例如：　你　　几点　　洗澡？

哥哥 她 妈妈		吃饭 洗澡 起床

回答：

谁 + （早上、下午、晚上）几点 + 做什么。

哥哥 她 妈妈	6点半 11点半 6点1刻	吃饭 洗澡 起床

（三）练习（6分钟）

1. 连一连

将图片与对应的中文相连：

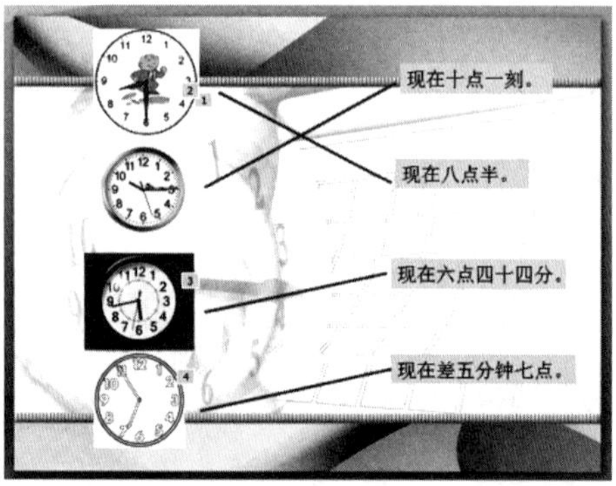

2. 我说你画

老师说出时间，请学生在纸上画钟表；同时请两三位学生上台在白板上画。

上午八点三十分。

差十五分下午三点。

上午十点零五分。

九点一刻。

上午七点半。

3. 看图问答

（请同学们把书翻到第 10 页）

让学生分成四组，用老师所指定的图片和时间来问其他组。比如，第一组问第二组：你们几点起床？第二组根据老师规定的时间来回答问题。接着第二组问第三组，第三组回答，这样轮流问和答。比如：

A：你几点起床？

B：我七点十分起床。

老师在 PPT 上展示以上图片[①]：

（1）A：你几点起床？

B：我七点十分起床。

（2）A：你几点吃早餐？

B：我七点半吃早餐。

（3）A：你几点到学校？

B：我七点五十分到学校。/我差十分八点到学校。

（四）小结（1 分钟）

老师：今天我们学习了什么？

学生：用汉语表示时间、问答时间。

（五）布置作业（0.5 分钟）

请同学们课后复习今天学的句型和预习第四课的课文。

---

① 插画作者：暨南大学华文教育专业 2015 级 A 班学生唐晓霞。

（六）**结束语**（0.5 **分钟**）

今天你们都很棒。今天的课就上到这里，谢谢大家，再见！

【教案点评】

本教案的教学内容是讲解并操练汉语时间表达的两个句型：“现在几点”“你几点做什么”。

执教者对教学内容的把握是比较好的，而且板书设计合理。首先两个句型都用框架格式的方法予以展示，内容清晰，有关的重点给予凸显。其次，第一个句型讲解中注意到同一个时间的多种不同表达，先给出机械性的，再给出习惯简化表达，以便学生准确掌握，不会误解。此外，教案的练习设计和参考答案也准备得不错，全部辅以图片，做到准备充分，并根据教学需要及时给出参考答案。

不足：有些图片不够清晰。

（点评教师：宗世海）

《中文》第三册第十课《龟兔赛跑》

一、试讲学生

王瑞君（2011 级 C1 班，泰国）

二、指导教师

干红梅

三、教学对象

泰国小学三年级学生

四、使用教材

《中文》第三册

五、教学目标

（1）能够理解“地”的结构组成。
（2）能够用“地”进行灵活造句。

六、教学重点

充分利用大量的练习来学习“地”的具体用法

七、教学难点

理解“地”的结构组成

八、教具准备

多媒体（PPT）、白板、游戏材料

九、教学时间

15～20分钟

十、教学过程

（一）导入语（1.5分钟）

同学们好！今天是第三次给你们讲课了。你们上次学了生词和课文，还记得吗？这节课老师要给你们讲语法，对你们来说比较难，所以老师希望你们认真听课。如果学好了内容，老师就让你们轻松地玩很好玩的游戏，好吗？现在我们先来复习一下吧！

（二）复习（3分钟）

你们还记得上次学过什么吗？你们看PPT上是不是有一只乌龟在跟一只兔子赛跑呢？我们一起读一下上次学过的课文吧。

兔子和乌龟要赛跑了。一、二、三！（请学生看着PPT朗读课文。老师和学生一起读）

> 兔子和乌龟要赛跑了。小鸟一叫：“一二三！”兔子就飞快地跑了出去。乌龟一步一步地向前爬。兔子跑了一会儿，回头看不见乌龟，他很得意，就想：“乌龟爬得真慢，我睡一觉，等他追上来我再跑，我仍然可以得第一。”这样一想，兔子就睡起觉来了。
>
> 乌龟在后面不停地向前爬，从兔子身边爬了过去，一直爬到了终点，得了第一名，可兔子还在那儿睡大觉呢！

（三）讲语法（5 分钟）

你们在 PPT 上看见了什么？有一些字有特别的颜色是吗？就是“地”这个字。我们来学怎么用它吧！

1．“地”的意思和用法

意思：“地”放在形容词后面，加上了动词表示怎么样做动作。
用法：形容词 + 地 + 动词

2．用法练习

（1）你们看这张图片，他们在干什么呢？（笑）
他们怎么样地笑呀？（高兴地笑）
（2）那另一张图中，小孩子们在干什么呢？（读）
他们的样子认不认真？（认真）
所以可以说，小孩子们……（认真地读）

（四）课堂游戏（4 分钟）

现在到你们很喜欢的活动环节了！我们一起来玩游戏好不好？老师请 7 位同学到前面来吧。（7 位同学上来了）

PPT 上有 7 个动作，请你们每人选一个动作表演给同学们看。

7 个动作如下：

1．很快地说
2．开心地唱
3．生气地叫
4．害怕地叫
5．大声地笑
6．伤心地哭
7．慢慢地走

（五）课堂练习（5 分钟）

我们刚才学习了怎么用“地”。我们要多练一练！老师给你们一个句子，后面有一个形容词，你们把形容词放在句子里面，注意一定要用“地”哦！

先一起读第一句。（学生读）哪位同学来回答？

（请学生举手回答）

兔子跑了出去。（飞快地）

兔子飞快地跑了出去。

（PPT 展示一张图片）

你们知道“飞快地跑”是什么样子的吗？你们知道图片里的阿拉蕾吗？他跑得很快是吧？

下一个……

乌龟向前爬。（一步一步地）

乌龟一步一步地向前爬。

（PPT 展示一张图片）

你们看这张图片，他们在唱歌是吧？他们看起来很开心，所以我们可以说：

小朋友唱着歌。（开心地）

小朋友开心地唱着歌。

春雨下着。（滴滴答答地）

春雨滴滴答答地下着。

谁知道滴滴答答的声音是什么样的？很多人不知道，那老师给你们听哦！（播放音频文件）

方方走出了书店。（伤心地）

方方伤心地走出了书店。

兔子笑了。（满意地）

兔子满意地笑了。

同学们看，图片里面的兔子是不是很可爱呢?

（六）布置作业（0.5 **分钟**）

好的！今天老师要给你们布置作业：用“地”造 5 个句子。下节课要把作业交给老师。

（七）结束语（0.5 **分钟**）

同学们回去一定要先写一写，复习一下今天的内容哦！今天我们就学到这儿吧！

【教案点评】

该教案把课堂上可能说到的每一句话都写了出来，非常详细地展示了教学的整个过程，对于教学经验较少的新教师来说，详案是非常必要的。

该教案条理清楚，教学重点突出。语法一直是教学的难点。教师先引导学生找出课文中带“地”的短语，然后介绍“地”的使用方法，通过图片让学生理解“地”的用法，最后通过游戏的方法来加深学生对该语言点的学习，因为游戏一直是学生喜欢的学习方式。教师在设计时注意到通过对比来突出“地”前副词的多样性，比如同样是学习“叫”，有“生气地叫”还有“害怕地叫”。游戏后及时的大量复习能帮助学生巩固学习效果。整体设计活泼有趣。

（点评教师：于红梅）

《中文》第五册第八课《唐人街》

一、试讲学生

黄蕴旖（2012 级 A 班，马来西亚）

二、指导教师

常芳清

三、教学对象

马来西亚国民型华文小学三年级学生（包括华裔以及非华学生）

四、使用教材

《中文》（修订版）第五册

五、教学目标

1. 知识目标
（1）能够掌握“越来越……”短语的用法。
（2）学习过程中，学生能够回忆起记忆库中的相关词语，并运用在练习上。
2. 能力目标
能够自由运用学习过的短语“越来越……”。

六、教学重点和难点

（1）重点：重点学习“越来越……”短语的用法。
（2）难点：学生会用“越来越……”短语造句。

七、教学方法

（1）课堂教学按“阅读复习—学习短语—拓展练习—课堂作业”的顺序，循序渐进。
（2）使用多媒体辅助教学。
（3）讲练结合，精讲多练。
（4）教师准备图片（课件），然后指定学生用所学句型造句。
（5）教师在白板上板书学生说的句子。

八、教具准备

（1）“越来越”卡片1张（贴在白板上作为重点）。
（2）百宝箱1个（里面有二个气球、一捆绳子、一把剪刀）。

九、教学时间

20分钟

十、教学过程

（一）组织教学（2分钟）

老师：同学们，下午好！
学生：老师好！
老师：今天天气冷吗？
学生：很冷！

老师：那我们来做一个小运动。同学们不用站起来，只要把双手举起来，然后跟着老师做就可以了。

学生：好的。

老师：那老师开始咯。（老师在这里开始做手指运动，从慢到快。第一次肯定有学生不能跟上动作，老师再做一遍。）

老师：同学们，老师的动作怎么样？

学生：（目的语）很快。/（可能性）很难。

老师：老师做的动作本来是慢的，但是慢慢地就越来越快，那么我们可以这样说："老师的动作越来越快。"（老师拿出"越来越"卡片贴在白板上，然后板书："老师的动作……快。"）

老师：刚刚老师还听见有同学说"难"，那么我们可以怎么说？

学生：（目的语）老师的动作越来越难。/（可能性）越来越难。（老师板书："难。"）

（二）学习短语（11 分钟）

老师：同学们，现在我们看这里。（老师指着 PPT 部分）

1. 看图造句子（1）

展示图 1：（动态图）一个瓶子里装着石头，石头越来越多。

老师：同学们看到了什么？

学生：（目的语）石头变多了。/（可能性）石头。

展示图 2：三个瓶子，第一个瓶子里石头比较少，第二个瓶子里石头多了一些，第三个瓶子里石头又多了一些。（这是一张讲述过程的图片。）

老师：一开始瓶子里只有一颗石头，慢慢地老师放了几颗石头，最后就满了。那么我们用"越来越……"怎么说？

学生：（目的语）瓶子里的石头越来越多。/（可能性）石头越来越多。（老师板书："瓶子里的石头……多。"）

老师：我们再看看，除了石头，瓶子里还有什么变化？

学生：（目的语）水。

老师：瓶子里的水怎么样了呢？

学生：（目的语）瓶子里的水越来越高。/（可能性）瓶子里的水越来越多。（如果出现可能性的答案，老师可以回答："同学们刚刚有没有看到老师往瓶子里加水？老师只加了石头。"老师板书："瓶子里的水……高。"）

展示图3：三个瓶子，第一个瓶子里的水是很浅的蓝色，第二个瓶子里水的颜色深了一些，第三个瓶子里水的颜色又深了一些。

老师：接下来，我们看看这个杯子里水的颜色怎样了？

学生：（目的语）杯子里的水越来越蓝。/（可能性）越来越蓝 / 越来越深。[老师板书："杯子里的水……蓝。""深。（颜色）"]

第一部分的板书：

老师的动作	越来越	快。/难。
瓶子里的石头		多。
瓶子里的水		高。
杯子里的水		蓝。/深。

（老师让全体同学读白板上的句子）

2. 动作演示

（1）吹气球。

老师：现在老师要请一位同学上来帮帮老师。（学生举手，老师选一位学生。）

老师：现在老师要你选喜欢的颜色，然后面对同学吹。（老师从百宝箱里拿出三种不同颜色的气球让学生选，然后让学生吹。）

老师：大家看，气球怎么样了？

学生：（目的语）气球越来越大了。/（可能性）越来越大。

老师：现在老师请你把气球里面的气慢慢放出来。同学们看看，气球现在怎么样了？

学生：（目的语）气球越来越小了。/（可能性）越来越小。

老师：谢谢这位同学。气球就送给你了。（老师请学生回座位，然后板书："气球……大了。""小了。"）

老师：我们可以在句子后面加"了"。

（2）拉绳子、剪绳子。

老师：现在老师要变魔术，大家看这里。（老师从百宝箱里把绳子慢慢拉出来。）

老师：这是什么？

学生：绳子。

老师：绳子怎样了？

学生：（目的语）绳子越来越长了。/（可能性）绳子越来越长。

老师：很棒！那老师把它剪掉。（老师把剪刀拿出来，把绳子剪成适当的长度，然后继续剪，慢慢表现出绳子越来越短。）

老师：绳子怎么样了？

学生：（目的语）绳子越来越短了。/（可能性）绳子越来越短。（老师板书："绳子……长了。""短了。"）

3. 看图造句子（2）

展示图4（动态图）：太阳慢慢下山的图片。

老师：接下来，我们看看这张图片。同学们看到了什么？

学生：太阳下山。

展示图5（太阳下山过程的组图）：第一张图：傍晚6:30的太阳；第二张图：傍晚6:35的太阳；第三张图：傍晚6:40的太阳；第四张图：晚上7:00的太阳。

图片下面是"越来越……"

老师：太阳下山后，天会怎么样呢？

学生：（目的语）天越来越黑了。/（可能性）越来越黑。

老师展示太阳升起来的组图4问：太阳除了下山还会怎样？

学生：升起来！

老师：太阳升起来的天会怎样？

学生：（目的语）天越来越亮了。/（可能性）越来越亮。（老师板书："天……黑了。""亮了。"）

第二部分的板书：

老师的动作	越来越	快。/难。
瓶子里的石头		多。
瓶子里的水		高。
杯子里的水		蓝。/深。
气球		大了。/小了。
绳子		长了。/短了。
天		黑了。/亮了。

老师：好的，请同学们把句子都抄写在本子上。

老师：前几天的天气怎么样？过几天天气又会怎样呢？

学生：（目的语）天气越来越冷了。/（可能性）冷。

展示图6：一个人热的时候穿了很薄的衣服，后来穿了很厚的衣服。

老师：他穿得怎么样？

学生：（目的语）他穿的衣服越来越厚了。/（可能性）他穿的衣服越来越多了。

展示图7：三张人物图片，第一张图中的头发比较短，第二张图中的头发有点长，第三张图中的头发很长。

老师：我们看看接下来的图片。（老师可以请一位同学先试着回答）

学生：（目的语）她的头发越来越长了。/（可能性）她的头发越来越长。

老师：同学们，来，我们一起读。

老师：（展示图8）同学们，有谁可以和老师说说你看到了什么？

学生：字越来越大了。/字越来越小了。

老师：好的，请同学们把句子都抄写在本子上。

展示图8：

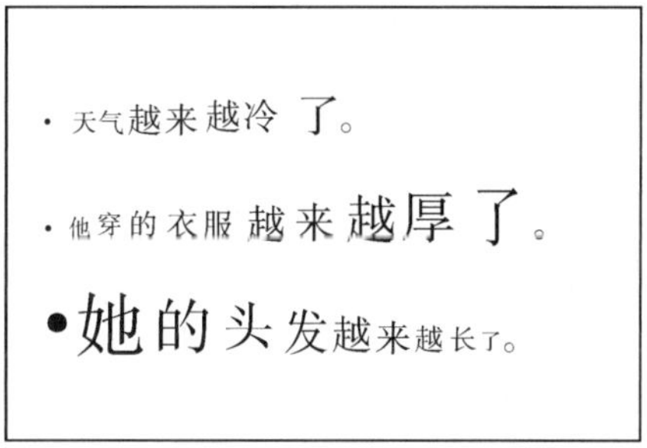

展示图9：三张图，表示唐人街上的人越来越多。

老师：接下来我们来看唐人街，以前的情况是这样的，现在人越来越多。同学们，我们一起读："唐人街上的华人越来越多，街道也越来越繁华。"

展示图10：三张图，表示足球场上的人越来越多。

老师：我们接着看足球场的情况。比赛还没开始之前足球场上没有人，比赛要开始了，人慢慢地越来越多，最后人很多，气氛很热闹。同学们，我们一起读："足球场上的人越来越多，气氛也越来越热闹。"

老师：老师先请第一组的同学鼓掌。接下来第二组的同学和第一组的同学一起鼓掌。现在全班同学一起鼓掌。同学们，掌声怎么样啊？

学生：越来越大声。

老师：好，现在我们一起读：“拍手的同学越来越多，声音也越来越大。”

展示图11：

· 唐人街上的华人越来越多，街道也越来越繁华。
· 足球场上的人越来越多，气氛也越来越热闹。
· 拍手的同学越来越多，声音也越来越大。

老师：同学们，我们来一起读。

师生一起朗读。

老师：同学们，有谁可以和老师说说你看到了什么？

学生：句子越来越短了。

老师：好的，请同学们把句子都抄写在本子上。

（三）巩固知识（6分钟）

1. 课堂练习

老师：现在请同学们和同桌两人一组讨论，看看还能用“越来越……”组什么样的句子。第一组同学用“春”，第二组同学用“夏”，第三组同学用“秋”，最后一组同学用“冬”。等下老师会请4组同学中的一些同学来回答哦。

老师在PPT上展示四张分别表示“春”“夏”“秋”“冬”的图片。

2. 课堂总结

老师：现在翻开你们的本子，我们读一读句子。

（四）结束语、作业（1分钟）

（1）《中文》练习册05B（第59～62页）。

（2）预习第九课课文《“神舟”飞天》。

老师：现在课上得差不多了，请同学们回家做作业。

【教案点评】

这是一份参加微型教学比赛的教案。教案设计符合教学对象的年龄特征，导入方式新颖，引导学生做手势自然导入语言点“越来越……”，教学过程层次清晰，知识准确，重点突出，难点处理恰当，教学进度和节奏合理，作业、提问、板书等教学环节完备。语言点讲授清晰，语料准备充分，PPT 图片和动画的设计准确恰当，利于学生理解知识点。尤其是老师的课堂活动和游戏的设计充满智慧，既能围绕知识点，锻炼学生的观察、理解和语言表达能力，又能让学生在快乐的反复训练中掌握语言点。师生互动多，达到了精讲多练的效果。教案的设计具有实用性、创新性和趣味性。倘若在一些活动中能引导学生自己动手做，学生印象会更深，效果也会更好。

（点评教师：常芳清）

《中文》第七册第十一课《虎门销烟》

一、试讲学生

王燕萍（2011 级 B 班，泰国）

二、指导老师

许文果

三、教学对象

泰国小学五年级学生（大约 11 岁）

四、教学目标

（1）能理解“虽然……但是……”所表达的意义。
（2）掌握“虽然……但是……”的句式结构。
（3）能灵活运用“虽然……但是……”造句。

五、教学内容

《中文》第七册第十一课《虎门销烟》中的语法部分“虽然……但是……”

六、教学重点

（1）通过举例、提问等方式掌握“虽然……但是……”的句子结构。

（2）通过练习达到灵活运用“虽然……但是……”的表达形式。

七、教学难点

（1）理解“虽然……但是……”的句式。
（2）学生能用“虽然……但是……”自行造句。

八、教学道具

多媒体（PPT）

九、教学时间

15～20 分钟

十、教学过程

1. 导入新课（约 2 分钟）

老师：同学们好！都来齐了吗？最近天气变冷了，同学们注意要多穿衣服哦！你们觉得今天冷不冷啊？

学生：（目的语）冷。

老师：这么冷的天，早上是不是不想起床来上课了呢？

学生：是的。

老师：你们都来上课了呀。这种情况，我们可以怎么说呢？

老师：（PPT 展示“虽然……但是……”结构）我们可以说：“虽然今天很冷，但是我们都来上课了。”

2. 学习“虽然……但是……”（约 10 分钟）

（1）师生共同学习。

老师：（展示糖果图片）糖好吃吗？

学生：好吃。

老师：吃多了糖会怎么样？

学生：（目的语）牙齿坏掉。

老师：那能不能多吃糖？

学生：不能。

老师：上面的句子，我们可以说成一句话：虽然糖很好吃，但是我们不能多吃。

老师：（PPT 展示）虽然糖很好吃，但是我们不能多吃。（重点突出“虽然……但是……”）

老师：我昨晚 3:00 睡，今天 6:00 起床。我睡得晚吗？我起得早吗？

学生：老师睡得很晚，起得很早。

老师：用“虽然……但是……”怎么说呢？

学生：老师虽然睡得很晚，但是起得很早。

老师：你们喜欢喝冰水吗？

学生：喜欢。

老师：今天天气特别冷，你还喝冰水吗？

学生：我还喝冰水。

老师：用“虽然……但是……”怎么说这个句子？

学生：虽然天气很冷，但是我还喝冰水。

（PPT 同时展示以下句子）

- 虽然糖很好吃，但是我们不能多吃。
- 老师虽然睡得很晚，但是起得很早。
- 虽然天气很冷，但是我还喝冰水。

请同学们注意“虽然……但是……”的句子中主语的不同位置。

（2）学生在老师的引导下学习。

老师：（指着教室里的空调）虽然今天不热，后面怎么说？

学生：但是我们开着空调。

老师：现在小丽在教室里听课，我听说她生病了。用“虽然……但是……”怎么说？

学生：小丽虽然生病了，但是她还是来上课。

老师：你们觉得我们班的王华同学学习认真吗？

学生：认真。

老师：他的考试成绩怎么样？

学生：不太好。

老师：这种情况用“虽然……但是……”怎么说？

学生：虽然王华学习很认真，但是他的成绩不太好。

老师：王华别难过，你已经有很大进步了，要继续加油啊！

老师设置情境，给出一个句子的一半，让学生用“虽然……但是……”把句子补充完整。

（3）学生独立学习。

老师给出一个句子的一半，让学生完成另一半。

虽然我穿了很厚的衣服，________________________________。

________________________________，但是爷爷的身体很健康。

虽然他是泰国人，________________________________。

增加难度，给出图片[①]，让同学们用“虽然……但是……”来造句。

虽然他年龄比我小，但是个子比我高。

虽然我喜欢吃草莓，
但是不喜欢吃草莓冰淇淋。

3. 课堂练习（约5分钟）

（1）给出左边5个句子，右边5个句子，左右句子意思相关，让学生找出相关的两个句子，用“虽然……但是……”来完成句子。

① 人物插画作者：暨南大学华文教育专业2015级A班学生唐晓霞。

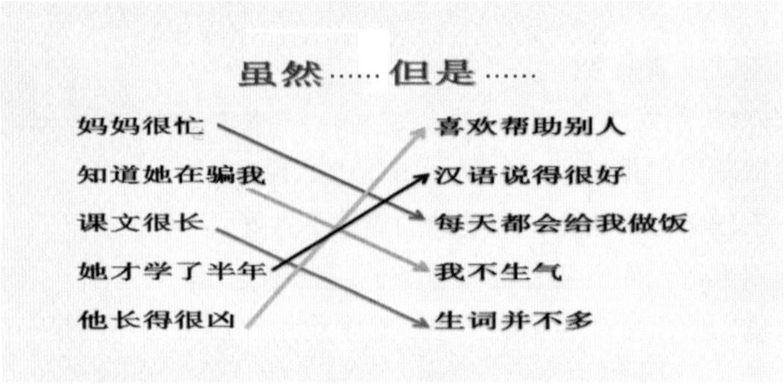

（2）看图说句子。

老师快速出示图片（一共有5张图片），学生抢答。

（3）接龙游戏：用“虽然……但是……”说句子，一个同学说出前半句，另一个同学要很快地说出后半句。

4. 布置作业（1分钟）

老师：时间差不多了，今天，虽然我们已经做了很多练习，但是还要做作业。

（1）完成练习册A第83页第6题。

（2）用“虽然……但是……”造5个句子。

【教案点评】

这是针对语法“虽然……但是……”而设计的一则教案。语法教学最重要的两个方面是：①学生学会句式，即包含该语法的句子结构，并理解其意思；②学生能够灵活运用该语法进行交际。在这则教案中，教师能够紧紧围绕以上两大目标进行教学设计。首先用学生比较熟悉的场景导入新课的学习。然后给出例句，让学生初步感知含有“虽然……但是……”的句子，在此基础上解释“虽然……但是……”的意思和用法。紧接着的练习题从易到难，比较好地巩固了学习结果。在教学过程中，教师注意到了直观性教学和启发式教学的重要性。比如，教师举的例子都比较接近学生的实际生活，而且充分利用图片，不断引导学生来说出句子，这都能更好地帮助学生理解和运用该语言点。

（点评教师：许文果）

课文篇

《中文》第二册第十课《祝你生日快乐》

一、试讲学生

陈海顺（2013 级 C3 班，印度尼西亚）

二、指导教师

干红梅

三、教学日期

2015 年 11 月 20 日

四、教学地点

一教楼 206 室

五、教学对象

印度尼西亚小学三年级华裔学生

六、使用教材

《中文》第二册

七、教学内容

第十课《祝你生日快乐》课文部分

八、教学目标

（1）学生能够理解课文的意思。
（2）学生能够把课文背下来。
（3）学生能够把学到的课文，灵活应用到现实生活中。

九、教学重点

理解课文内容

十、教学难点

课文内容的灵活应用

十一、教具准备

多媒体（PPT）

十二、教学时间

15～20分钟

十三、教学过程

（一）导入

同学们下午好，准备好上课了吗？我们开始上课了哦。今天老师想带你们去玩儿，你们知道老师要带你们去哪里玩儿吗？（学生：不知道）老师今天要带你们去森林里玩儿（PPT展示森林图片）。你们知道为什么老师要带你们去森林里玩儿吗？（学生：不知道）老师要带你们去森林里玩儿是因为老师在森林里有三个可爱的朋友，他们是谁呢？

第一个朋友，你们猜猜这是什么动物？（老师模仿小猫的声音）（学生：小猫）非常好，你们都猜对了。第二个朋友是谁呢？（老师模仿小兔子竖起耳朵跳）（学生：小兔子）对了，是小兔子。第三个朋友是谁呢？（老师模仿小山羊的声音）（学生：小山羊）对了，是小山羊！哇，你们都很棒哦！所以呢，老师的三个朋友是小猫、小兔子和小山羊。

他们三个要做什么呢？你们想知道吗？（学生：想）好，如果想的话我们就一起来学习课文吧。

（二）学习课文

1. 朗读课文

我们今天要学的课文是"祝你生日快乐"。咦，我们课文的题目是"祝你生日快乐"，到底是谁过生日呢？（学生：不知道）那现在我们先读课文吧，读完就知道了。先跟着老师读，老师读一句，你们跟着读一句。（小猫、小兔子和小山羊是好朋友。今天是小山羊的生日，他请朋友们吃饭。小猫喜欢吃鱼，小山羊给他准备了一条鱼，小兔了喜欢吃胡萝卜，小山羊给他准备了胡萝卜。小猫和小兔子送给小山羊一篮青菜，他们一起对他说："祝你生日快乐！"）你们知道是谁的生日了吗？（学生：小山羊）老师的学生真棒！（鼓掌）

（接下来，老师用道具提问讲解）

（1）森林里有三个好朋友，它们是谁？

（2）今天谁过生日呢？

（3）小猫和小兔子去小山羊家做什么？

（4）小山羊给小猫准备了什么？为什么？

（5）小山羊给小兔子准备了什么？为什么？

（6）小猫和小兔子送给小山羊的生日礼物是什么？为什么？

2. 看图片，背说课文

好，我们读了课文，知道了课文的意思，接下来会更有意思哦。老师准备了很多可爱的图片，我们一起看图片背说课文好不好？（学生：好）好，一、二、三，开始！（通过 PPT 上面的图片，老师引导学生背说课文）非常好，大家都读得非常好，大家鼓掌！

接下来，你们看（学生一起看 PPT），老师已经把课文删除了，只剩下图片。我们再复述一下课文好不好？（学生：好）好，我们一起复述课文，一、二、三，开始！（学生根据图片复述课文）好，非常好，所有同学都能背下来了，给自己鼓掌！

读完了这篇课文，我们可以知道，如果我们的朋友过生日，我们应该对他/她怎么说呀？（学生：我们要对他/她说："祝你生日快乐！"）非常好，我们也可以祝他/她"身体健康！学习向上"等。那要不要送礼物给他/她呢？（学生：要）要送什么样的礼物呢？可不可以送他/她不喜欢的礼物呢？（学生：不可以）那我们应该送他/她什么样的礼物呀？（学生：我们要送他/她喜欢的礼物）非常好。那如果是我们自己过生日，我们要不要请朋友们吃饭呢？（学生：要）要给朋友们准备什么样的东西呢？我们给朋友们准备他们不喜欢吃的东西，可以吗？（学生：不可以，我们要准备他们喜欢吃的东西）对了，如果我们的朋友过生日，我们要祝他们生日快乐，也要送礼物给他们，如果我们自己过生日呢，我们就要请朋友们吃饭，记住要给朋友们准备他们喜欢吃的东西哦。

（三）巩固练习（改编练习）

接下来，老师给大家准备了一个对话练习。我们先一起读好不好？

（敲门声）

小英、小嘉：小香，生日快乐！

小香：你们好！请进，我给你们准备了很多好吃的。

小英：哇……有汉堡包，这是我最喜欢吃的东西，谢谢小香。

小香：别客气。小嘉，我给你准备了饺子，你一定会喜欢的。

小嘉：小香真好，谢谢你。

小英、小嘉：这是我们给你买的小礼物。希望你喜欢！

读得非常好，现在请你们自己练习，四个人一组。你们可以根据自己的情况把对话改一改，比如说你们喜欢吃什么东西，你们要送什么生日礼物，或者你们怎么祝贺过生日的朋友，都可以改。现在老师给你们两分钟的时间练习，等一下老师会让你们上台表演哦。

（两分钟过后）大家准备好了吗？请×××同学和×××同学一同上台表演好不好？（学生表演完之后）大家觉得他们表演得怎么样？是不是很棒啊？（学生：非常棒）给他们鼓掌！好，所以呢，我们学到的东西就应该应用到我们的生活当中，不可以今天学明天就忘了啊。以后有朋友过生日我们就可以这样说、这样做，对不对？（学生：对！）

（四）作业

（1）回去把今天所学的课文背诵给父母听。
（2）把课文抄一遍。

（五）小结

好，你们今天学得开心吗？（学生：开心）还记得我们今天认识的新朋友有哪些吗？（学生：小兔子、小猫、小山羊）你们今天的表现非常棒。老师希望你们每天都开开心心地上课，好不好？（学生：好）好，我们今天的课就上到这里了。同学们再见！

【教案点评】

童话故事一直深受小朋友们喜爱。陈海顺抓住儿童天真活泼的心理特征，用可爱的图片、模拟小动物的声音和动作来导入故事；在读故事、图片展示故事情节、道具演示故事情节的过程中，通过巧妙设计的提问，引导学生理解故事内容，学会了过生日时的礼貌言行；还通过学生的分组练习和表演巩固了该课所学的知识，并把从童话故事中学会的礼貌言行自然地运用到现实生活中。整个教学过程一气呵成，动静结合，重点突出，不仅让学生学会了课文还明白了事理，教学效果良好。

（点评教师：干红梅）

《中文》第三册第四课《猜一猜》

一、试讲学生

尤嘉忆（2012 级 B 班，泰国）

二、指导教师

李小凤

三、教学对象

泰国小学二年级华裔学生

四、使用教材

《中文》第三册

五、教学内容

第四课《猜一猜》谜语 1 课文部分

六、教学目标

（1）能正确理解谜面内容，并明白是怎样得出谜底的。
（2）能流利地背诵谜面。
（3）复习巩固词语（眼睛、鼻子、耳朵、嘴）。
（4）养成喜欢猜谜语的好习惯。

七、教学重点

（1）理解谜面内容。
（2）背诵谜面。

八、教学难点

明白如何得出谜底

九、教具准备

图片、自录的 MP3、多媒体（PPT）、白板

十、教学时间

约 20 分钟

十一、教学过程

（一）导入（1 分钟）

老师：同学们好！上课之前我们来玩个小游戏，好吗？（好）
老师说一个东西的特点，看大家能不能猜出老师说的是什么？好吗？（好）
第一题：描述班上的一位学生。老师：猜猜他是谁？
第二题：描述老师。老师：猜猜他是谁？

（二）复习词语（2 分钟）

老师：大家都很聪明！不过，老师还有一个很难的谜语，不知道大家能不能猜出来呢？（能）想不想猜呢？（想）那在猜这个谜语之前，我们先来复习一下昨天学过的词语，看大家还记不记得。（展示 PPT）
（让学生看图说出生词：眼睛、鼻子、耳朵、嘴，每个词语说完后让大家齐读一遍）

（三）学习谜语（13 分钟）

老师：大家都还记得学过的词语，非常棒！现在我们一起来学习这个很有意思的

谜语。请大家看第四课的课文“猜一猜”。（老师板书：猜一猜）

1. 老师读一遍，学生猜谜底

老师：好，现在大家先听老师读一遍，猜一猜是什么，看哪位同学最棒。

2. 老师带读一遍

老师：嗯，有的同学猜是电话，那到底对不对呢？大家一起跟老师读一遍，然后思考，好吗？

3. 讲解分析谜语

老师：大家觉得是电话吗？为什么呢？好，我们一起来看看：

丁零零，丁零零，是什么？

没有鼻子没眼睛，为什么？

一只耳朵一张嘴，又是为什么？

一边说话一边听，为什么呢？

老师：大家都很厉害！

4. 学生齐读一遍谜语

老师：现在，大家一起来把谜语读一遍，读的时候想一想，这个谜语说的为什么是电话。

5. 配上动作朗读一遍谜语

老师先演示一遍，学生跟老师一起边朗读边做动作（进行一遍）。

老师：同学们，想一边朗读，一边做动作表演吗？（想）好，那先看老师表演，好吗？（老师演示）

老师：现在大家跟老师一起来。

6. 背诵谜语

老师：好！同学们会了吗？现在我们不看课文，只看图片，看大家能不能把谜语背诵出来。大家一起来一遍（要边做动作边背诵）。

老师：哪位同学来读给大家听？（请一位同学到前面表演）

（四）演唱谜语（3 分钟）

1. 听谜语演唱

老师：同学们今天上课非常认真，现在我们一起来唱歌。好吗？前几天大家学了《小蜜蜂》，还记得吗？我们来听听。我们能不能把我们今天学的谜语，唱出来呢？大家先听听老师的演唱。（播放 MP3）

2. 跟老师一起唱一遍谜语

老师：大家跟老师一起来试试。

3. 跟老师一起配上动作演唱一遍谜语

老师：好听吗？好，这次我们加上前面做过的动作，好吗？

4. 学生一起演唱一遍谜语

老师：现在，老师想看你们边做动作边唱，好吗？一起来。

（五）小结、作业（1 分钟）

老师：今天我们学的谜语有意思吗？大家会唱了吗？回去唱给爸爸妈妈听，好吗？明天上课前，我要请同学们上来表演哦！大家加油。另外，大家觉得猜谜语好玩吗？（好玩）回去找一个谜语，明天我们一起来猜大家出的谜语，好吗？

附录：谜语曲谱

1=G 2/4

5 3　3 | 4 2　2 |

丁 零　零，丁 零　零，

1 2　3 4 | 5 5　5 |

没 有　鼻 子　没 眼　睛。

5 3　3 3 | 4 2　2 |

一 只　耳 朵　一 张　嘴，

1 3　5 5 | 5 5　1 |

一 边　说 话　一 边　听。

【教案点评】

教案以一则谜语的教学为内容，详细展示了谜语教学的方法与设计。首先利用教室中的具体情境进行猜一猜的活动导入新课，再利用图片复习词语，然后通过图片、PPT、领读、齐读、动作表演等方法进行谜语教学，尤其是在巩固练习中，巧妙运用熟悉的歌曲，唱出谜语。非常适合学生的年龄和心理特点，能收到很好的教学效果。另外，教案中将教师需要说的话都详尽写出，是一份比较详细的教案，能对教学实施起到更好的预测和指导作用。

（点评教师：李小凤）

《中文》第四册第五课《小马过河》

一、试讲学生

苏云霞（2012 级 B 班，泰国）

二、指导教师

蔡丽

三、教学日期

2015 年 11 月 26 日

四、教学地点

教学楼 212 室

五、教学对象

泰国小学四年级本地和华裔学生

六、使用教材

《中文》第四册

七、教学内容

第五课《小马过河》第 1 ~ 2 自然段

八、教学目标

（1）能够准确、流利、有感情地朗读课文《小马过河》。
（2）能够掌握和理解课文《小马过河》，并回答与课文相关的问题。
（3）通过围绕课文的自由讨论，让学生明白其中的道理。
（4）能够完成《小马过河》的角色表演。

九、教学重点

（1）能流利朗读课文，理解课文内容。
（2）通过《小马过河》的故事，让学生明白其中的道理。

十、教学难点

（1）流利地朗读课文，发音标准。
（2）能够理解课文的内容，并完成角色表演活动。

十一、教具准备

多媒体（PPT）、白板和水笔、卡通人物道具

十二、教学时间

15 ~ 20 分钟

十三、教学过程

（一）导入课文：通过讲故事导入（3 分钟）

老师：同学们，下午好！今天老师要给你们讲一个非常有趣的故事。这个故事叫作“小马过河”（展示 PPT 第 2 页）。大家想不想知道这个故事是什么样的呢？

学生：想！

老师：有一匹可爱的小马（使用教具），有一天他要给妈妈买东西，走着走着遇到了一条河。哇！怎么办？怎么知道水有多深？下去的话会不会上不来了？

老师：这时，小马看到了老牛，老牛在吃着草呢。他去问老牛说：“牛伯伯，牛伯伯，这条河的水深吗？”老牛回答说：“很浅的，你放心过河吧！”小马很开心地要过河，突然，小松鼠跑过来跟他说：“小马，小马！不要过去，水很深很深，会淹死的！”小马听了，吓得呆住了，心想：我应该相信谁呢？老师问问大家，如果你是小马，你会信老牛，还是小松鼠呢？

学生自由回答。

（二）学习课文内容（5 分钟）

老师：刚才大家听了老师的故事，接下来我们一起来学习这个故事吧！你们跟着老师读哦！（展示 PPT 第 3 ~4 页）

1. 带学生读

老师带学生读一遍。读完之后，通过提问巩固故事的内容，比如：小马要做什么？遇到了谁？

2. 学生自己朗读

让学生自己朗读一遍全部内容。

3. 分角色朗读

把学生分成三组，第一组读小马说的话，第二组读老牛说的话，第三组读小松鼠说的话，老师读旁白。

（三）课堂操练（7 ~8 分钟）

1. 表演（2 ~3 分钟）

邀请四位同学到前面来，根据刚才所讲的故事，结合 PPT 里的图片给大家表演这个故事。

2. 回答问题（4~5分钟）

（1）小马要过河的时候，他遇到了谁？（让大家一起回答）

（2）老牛和小松鼠对小马说了什么？（请同学回答）

（3）老牛和小松鼠说的为什么不一样？你认为谁说得对？（让大家说出自己的意见）

（4）你们猜小马最后会怎么做？（让大家说出自己的意见）

老师将第（3）（4）题学生回答的答案写在白板上。

（四）总结（1分钟）

总结今天所学的内容。

（五）布置作业（0.5分钟）

请同学们课后回家和爸爸妈妈讨论一下最后“小马”是怎么过河的。

【教案点评】

苏云霞同学的这则教案写作态度认真，教案内容完整，教学环节和教学时间的安排均较为合理。该教案根据所教课文的体裁特点，选择“讲故事”的方式开始课文学习，能引起学生的学习兴趣；而且作者将课文分成两大部分，这次仅讲授前两个自然段，即小马过河遇到问题的部分，既充分考虑到了教学时间与教学内容的匹配，又有利于引起学生的好奇心，为下一节课的学习打下良好的基础。教案重视课文的朗读，重视课文教学情境的营造，角色扮演的操练形式也有利于学生深入理解课文内容。该教案荣获华文教育系第三届微型教学大赛二等奖，是一篇比较优秀的教案习作。

（点评教师：蔡丽）

《中文》第四册第五课《小马过河》

一、试讲学生

陈燕贤（2011 级 A 班，印度尼西亚）

二、指导老师

刘玉红

三、教学日期

2013 年 5 月 7 日

四、教学地点

教学楼 411 室

五、教学对象

印尼华校小学二年级学生（7 ~8 岁）

六、教学目标

（1）学习对话内容，启发学生们做事要认真思考，开动脑筋，努力亲自去实践才能锻炼自己的生活能力。

（2）能按课文中的对话提示语读出句子应有的语气，有感情地分角色朗读对话。
（3）让学生想想为什么老牛和小松鼠说的不一样，他们是在骗小马吗？

七、教学内容

《中文》第四册第五课《小马过河》

八、教学任务

学习对话，做课堂对话表演

九、教学难点

（1）理解老牛和小松鼠说法不同的原因，理解老马对小马说的话中包含的道理。
（2）懂得遇事要开动脑筋，具体分析，勇于实践才能找到解决问题的方法。

十、教具准备

（1）多媒体（PPT）。
（2）老马、小马、老牛、小松鼠等头饰。

十一、教学时间

15 分钟左右

十二、教学过程

（一）导入语（1 分钟）

同学们好！今天能够和同学们见面，老师很开心。上节课我们已经初读了《小马过河》的课文。你们喜欢小马吗？你们为什么会喜欢小马？小马要过河时遇到了谁？小马正要过河时与老牛和小松鼠出现了一段对话。他们在说什么呢？学习对话之前，我们先复习一下对话里出现的一些生词吧！

（二）**复习生词**（1 **分钟**）

老师让学生跟着读两遍。

正（zhèng）
淹（yān）
浅（qiǎn）
深（shēn）
试试（shì shi）

（三）**学习对话**（8 **分钟**）（**课本第** 47 ~ 48 **页**）

（1）老师使用提问方式来加强学生对对话的理解。

老师：首先，老师要问大家，牛伯伯比小马的年纪大，所以当小马跟牛伯伯说话时应该怎么样啊？

学生：要有礼貌地说。

老师：小松鼠见到小马正要过河时，是不是很着急？

学生：是。

老师：所以在读小松鼠这段对话时我们应该用着急和认真的语气来读。

老师用不同的语气读老牛和小松鼠的对话（老牛说的话要读得轻松、慢条斯理，小松鼠说的话要读出急切、认真的语气）。

（2）让同学一句一句地跟着老师读（按课文中的对话提示语，读出句子应有的语气），对话内容在幻灯片上按顺序一句一句地显示出来。

读完之后，老师使用提问方式来加强学生对对话的理解。

老师：同一条河，老牛和小松鼠说的话一样吗？

学生：不一样。

老师：为什么不一样？请你们用“因为……所以……”来说说原因。（在白板上写）

学生：因为牛伯伯又高又大，所以说河水很浅。/因为小松鼠很小，所以说河水很深。

老师：同学们都很棒！那，小马不知道该怎么办时，回去找谁？

学生：妈妈。

老师：小马最后为什么能过河？

学生：因为小马听了妈妈的话，又跑到河边，小心地过了河。

（四）课堂活动（5 分钟）

老师请三位同学到教室前面扮演小马、老牛和小松鼠，进行角色表演对话，老师扮演小马妈妈（戴着准备的头饰）。

老师：亲爱的同学们，下面我们共同来将这个对话表演出来。老师也想加入你们当中，和你们共同表演这部分内容，好吗？老师当小马妈妈，谁来当小马？谁来当牛伯伯？谁来当小松鼠？

表演完后，老师再请四位同学到前面扮演小马、老牛、小松鼠和小马妈妈（这次老师让某个同学来扮演小马妈妈）。

老师总结：原来，河水既不像老牛说的那样浅，也不像小松鼠说的那样深。

（五）布置作业（0.5 分钟）

老师：同学们，今天你们都能掌握对话的内容，很棒！最后，老师要给大家布置作业哦！大家回家想一想：在生活中你们有没有像小马一样遇到过什么难题呢？你们是怎么解决的呢？下一节课老师要提问哦！请同学们好好做作业，加油！（启发学生思考，开动脑筋，最后总结：不管我们遇到什么问题，一定要努力亲自去实践，这样才能锻炼自己的生活能力）

（六）结束语（0.5 分钟）

老师：今天大家的收获可真不少呀！同学们，在今后的学习和生活中，我们会遇到很多意想不到的困难，老师希望你们能做一个勇敢的、爱动脑筋的孩子。因为只有这样你们才能够真正地成长。好，今天的课就上到这里，谢谢大家！

【教案点评】

从该教案可以看出陈燕贤同学备课认真，熟悉所讲内容，知识准确，教学重点突出，难点处理恰当。朗读训练贯穿始终，精心设计问题，循循善诱帮助学生理解课文，教学方法求新求变，教学进度和节奏合理，且能理论联系实际。教案书写格式规范，驾驭教材和课堂的能力较强，是一篇优秀的教案。

（点评教师：刘玉红）

《中文》第五册第一课《买文具》

一、试讲学生

李英英（2012 级 B 班，泰国）

二、指导老师

蔡丽

三、教学对象

海外小学三年级第一学期的学生

四、使用教材

《中文》第五册

五、教学内容

第一课《买文具》阅读课文《四只小兔》的前两段

六、教学目标

（1）能够正确朗读与理解《四只小兔》这篇阅读课文。
（2）能够明白故事蕴含的道理，提高学生的学习兴趣。

七、教学重点

能够理解《四只小兔》这篇阅读课文，通过这篇文章培养学生学习的兴趣

八、教学难点

（1）理解与归纳《四只小兔》这篇阅读课文的主要内容。
（2）有感情地朗读课文。
（3）从这篇阅读课文中，明白为什么要认真学习。

九、教具准备

电脑、多媒体（PPT）、白硬纸、白板、白板笔、图片、主要卡通的卡片（名字拼图片）、小鸟（用纸折好）、铅笔、橡皮、圆珠笔、涂改液、纸

十、教学时间

15 分钟

十一、教学过程

（一）新课导入

同学们，下午好！一走到教室，就可以看到可爱的同学们坐得整整齐齐的，老师很开心，所以要表扬一下你们！（手势：棒棒棒，你很棒！）你们也要表扬自己喔！请大家一边跟着老师做，一边跟着老师说："棒棒棒，我很棒！"

利用主课文中对文具的介绍引入。

（PPT 展示"纸"）

你们看！老师手里拿着一张（引导学生回答）"纸"。

老师：我们能用纸做什么？（全班回答，老师复述学生的答案）

学生：（目的语）可以在纸上写字、画画儿，可以让它变成各种各样的东西。/

（可能语）可以把它撕开（分给朋友），可以交给老师（作业），可以包东西。

（PPT 展示“笔”：有课文中的“圆珠笔”和“铅笔”）

老师：刚才你们已经说了，我们可以在纸上写字、画画儿，弄成各种各样的东西。那么我们用什么来写字、画画儿呢？

学生：笔。

老师：对，上次我们学过了“圆珠笔”，请大家跟着老师读“圆珠笔”。还有，（PPT 展示“铅笔”的图片）这个叫什么？

学生：铅笔。

老师：很好！请大家跟着老师读“铅笔”。

纸和笔是学生必须准备的东西，因为我们可以用笔在纸上写字。（老师做出写字的动作）

学生：（可能语）写作业交给老师。

老师：说得好！写作业交给老师！

（二）讲新课（阅读课文《四只小兔》前两段）

（展示阅读课文《四只小兔》的 PPT）

老师：好，现在我们来一起看，它们是什么动物啊？

学生：兔子。

老师：对了，它们都是兔子。跟着老师读“兔子”，那现在我们一起来认识认识它们，好不好？这个是兔妈妈，兔妈妈有四个孩子。（用手指图片）第一个孩子叫小灰。其他三只，你们看看它们是什么颜色，猜猜它们可能叫什么名字，好吗？第二个孩子叫小白，第三个孩子叫小黑，第四个孩子叫小花。

（教师利用笔、纸等道具，边表演边讲故事）

老师：现在请四位同学上来帮一帮老师。一、二、三、四，齐了，请上来。（没有同学上来就点名）

（PPT 展示阅读课文《四只小兔》）

老师：你们站好啊！（老师把四只小兔的牌子分给四位同学）好！现在大家一起来看他们说得对不对。

老师：请跟同学们说说你当了谁。（学生：小灰。）［给扮演小灰的同学递一支铅笔和一张纸（上面画了两棵树和两朵花）］

老师：你呢？（学生：我是小白。）［给他一支圆珠笔和一张纸（上面写了“大”字和“小”字）］

老师：你是？（学生：小黑。）（给他折好了的小鸟）

老师：最后你是？（学生：小花。）（给他一张纸）

（一个一个问）

老师：大家一起看喔！老师当兔妈妈。

老师：接下来，老师讲故事给你们听，好吗？四位同学要注意听，我讲到谁，谁就要把手里的东西举起来喔！下面的同学也要认真听，看他们做得对不对。

兔妈妈有四个孩子：小灰、小白、小黑和小花。一天，兔妈妈拿出四张纸，分给了每个孩子，看他们能用纸做什么。

小灰用铅笔在纸上画了两棵树，又画了两朵花。

小白拿出圆珠笔，在纸上写了一个“大”字，又写了一个“小”字。

小黑用纸折了一只小鸟，这只小鸟看起来就像真的一样。

小花呢？大家一起来看小花，他只拿了一张白纸，你们想不想知道，小花他在纸上写了什么？想不想知道啊？（学生：想）好！现在我们来一起看看他到底用纸做什么！

谢谢你们！大家给他们鼓掌！

教师带学生朗读课文（拼音）。（PPT 展示，一张一张地出现，一句一句地领读）

注意：学生读错要立刻纠正。

阅读课文《四只小兔》的前两段：

兔妈妈有四个孩子：小灰、小白、小黑和小花。一天，兔妈妈拿出四张纸，分给了每个孩子，看他们能用纸做什么。

（图文 PPT 按人物一张一张地出现：①小灰画画；②小白写字；③小黑折纸；④小花呆呆地站在那儿）

小灰用铅笔在纸上画了两棵树，又画了两朵花。小白拿出圆珠笔，在纸上写了一个“大”字，又写了一个“小”字。小黑用纸折了一只小鸟，这只小鸟看起来就像真的一样。小花看看小灰，看看小白，再看看小黑，觉得很不好意思，因为他什么也不会，只能呆呆地站在那儿，不知道该做什么。

提问：

老师：刚才小花用纸做了什么吗？

学生：没有。

老师：其他兔子呢？小灰做了什么？（学生：在纸上画了树和花）小白呢？（学生：写了一个“大”字和一个“小”字）小黑把纸……（学生：折成一只小鸟）

（齐读一遍）

老师：现在请全班同学再读一遍。

（PPT 展示“玩游戏！”）

老师：棒棒棒！你们很棒！你们都读得很好，所以现在一起来玩游戏吧！

游戏规则：

老师：是这样的，老师会把同学们分成四组，一、二、三、四。每一次你们每一组要派代表上来，然后在座的各位要读上面的句子，做代表的同学要注意听，跟着做，做好了就把纸贴在白板上。现在每一组派一位同学上来吧！

白板设计：

	一组	二组	三组	四组
1 2 3				

老师：很好！你们准备好了吗？你们四个不可以偷看喔！大家为自己的组加油喔！准备好了吗？现在开始！

游戏：

（1）请你在纸上画“一张纸和一支铅笔”。

（2）“圆珠笔”的正确拼音怎么写？

老师：最后一个，谁做得最快就把手里的东西举起来！

（3）请你把纸折成最小的四方形。

老师：老师开始倒数了！五、四、三、二、一，停！

（这个环节会给最快的同学发奖品，奖品是铅笔）

教具：（1）12 张纸。

（2）4 支铅笔 。

（3）4 支圆珠笔。

老师：我们一起来看看他们做得对不对。

（展示 PPT：三个游戏的命题和正确的答案）

老师：你们都很棒！给自己鼓掌。

先展示“回答问题”这一张 PPT：为什么小花什么也不会？接着请全班同学默读课文。

老师：接下来，老师会请你们自己读课文。同学们一边读，一边想想这个问题：“为什么小花什么也不会?”（老师要认真听学生的回答，然后复述学生的大部分答案）

老师：为什么小花什么也不会呢?

学生：他是最小的。

老师：对，有可能是因为他是最小的，还有吗？是不是小花不认真学习啊?

学生：是啊。

老师：老师是这么想的，每一个人只要认真地学习、付出，最终肯定能成为一个很棒的人，你们年龄还很小，老师希望你们都认真地学习，做一个好孩子，相信你们以后一定会成为很优秀的人!

（三）总结

总结《四只小兔》的阅读内容：

老师：现在大家一起来说一说，他们做了什么？从小灰开始。

学生：小灰用铅笔在纸上画了两棵树，又画了两朵花；小白拿出圆珠笔，在纸上写了一个“大”字，又写了一个“小”字。（老师：小黑呢?）小黑用纸折了一只小鸟。（老师：小花呢?）什么也没做。

（四）作业

请你想一想，说一说：如果你是小花，你会怎么做呢?

【教案点评】

李英英同学的这则教案写作态度非常认真，教案内容完整，教学环节、教学过程和教学时间的安排均很合理。该教案根据所教课文《四只小兔》的体裁特点，选择老师“讲故事”、学生听后配合表演动作的方式开始课文学习，能有效激发学生的学习兴趣。老师在第一次讲故事时，有意没有讲出最后一只小兔小花做了什么，目的是设置一个悬念，从而引起学生的好奇心，为接下来的学习打下良好的基础。在教学过程中，设计者非常重视教学情境的营造，灵活运用角色卡、实物等直观教学手段，有利于加深学生印象，引导学生深入理解课文内容。游戏的设计也能有效为教学内容服务。该教案荣获华文教育系第三届微型教学大赛一等奖，是一篇非常优秀的教案习作。

（点评教师：蔡丽）

《汉语》第六册第四课《唐人街的国庆节》

一、试讲学生

尤嘉忆（2012 级 B 班，泰国）

二、指导教师

许文果

三、教学对象

泰国小学四年级非华裔学生

四、教学内容

《汉语》（修订版）第六册第四课《唐人街的国庆节》课文

五、教学目标

（1）能够流利准确地朗读课文。
（2）理解课文的基本内容。
（3）能够复述课文内容。
（4）了解唐人街文化。

六、教学重点

流利准确地朗读课文并且能复述课文

七、教学难点

了解课文当中的文化

八、教具准备

多媒体（PPT）

九、教学时间

30 分钟

十、教学过程

（一）导入（1 分钟）

同学们好！中国有很多节日，你们都知道哪些节日呢？（等学生回答之后，如果没有人回答国庆节，老师可以放一些图片，比如中国商店外面插上国旗的图片，然后再放一些泰国华人在唐人街过中国国庆节的照片，让学生猜这些人在过什么节日，这是什么地方，等学生回答以后，老师就可以说，这就是我们今天要学习的课文《唐人街的国庆节》）

（二）学习新课（12 分钟）

1. 读并理解课文

（1）老师先读一遍课文，学生听，并让学生画出不懂的地方。

（2）老师领读课文。

（3）学生齐读课文。

（4）学生自读课文。（老师在白板或者PPT上给学生列出一些问题，提醒学生带着问题读课文，找出这些问题的答案）

问题：

①十月一日是什么节日？

②国庆节那一天唐人街会挂什么？

③饭店前排着长长的队，他们等着吃什么？

④国庆节这天，小朋友在做什么？他们觉得怎么样？

⑤国庆节这天，唐人街上人多不多？是不是很热闹？

（5）老师请几位学生读课文。

2. 理解课文

（1）老师讲解学生不懂的地方。

老师给课文中的每一句话都配上恰当的图片，边读课文，边根据图片解释课文的意思，特别注意解释“挂”“各式各样”“纪念品”“红灯笼”“中国结”“敲锣”“打鼓”“欢快”等词语。教学过程基本上用“师生问答”的形式进行。

（2）老师请学生回答之前的5个问题。

（三）练习（15分钟）

1. 让学生看图来简单复述课文，形式如下（具体内容在PPT上）

十月一日是中国的________。这一天，唐人街上到处都挂着________

和各式各样的________，非常漂亮。

2. 与全体学生一起复述课文（难度较大）

十月一日是中国的________。这一天，唐人街上到处都________着红灯笼和__________的中国结，非常漂亮。

街上人很多，有的________着小吃，有的正在买________。饭店门前排着________，人们都________着吃中国菜呢。

3. 请几位学生复述课文（完全根据图片复述，难度较大）

老师共展示9张图片，分别针对课文里的重点内容：

第一张图片表示“国庆节”。

第二张图片表示“各式各样”的商品。

第三张图片表示“排队买小吃”。

第四张图片表示“买纪念品”。

第五张图片表示“吃中国菜”。

第六张图片表示“舞狮”。

第七张图片表示“吹喇叭”。

第八张图片表示“小朋友们跟着跑跳”。

第九张图片表示“很热闹”。

4. 判断对错

（1）中国的国庆节是一月十号。(　　)

（2）唐人街上到处都挂着红灯笼和各式各样的中国结。(　　)

（3）一群人舞着狮子过来了，有的敲着鼓，有的打着锣，还有的吹着喇叭。(　　)

5. 通过游戏的方式来复习课文

（1）“无声的信息”游戏规则。

首先从班上的学生中选出 7 位学生抽签，表演自己拿到的句子，只能用动作来表达。(句子是课文中的) 其次请其余学生一起回答他们所拿到的句子。再次把他们拿到的句子排好顺序。最后请 7 位学生按照排好的顺序表演，7 位学生表演的同时其余学生说他们拿到的句子。

（2）考你的阅读速度。

PPT 上的字会慢慢消失，学生要快快读课文才能跟得上消失的字。

（四）布置作业（1 分钟）

请学生回家把这篇课文读给父母听。

（五）结束语（1 分钟）

今天同学们表现得不错。祝大家周末愉快！别忘记老师布置的作业哦！

【教案点评】

这是一篇典型的课文教案。在此次教学之前，学生已经学习了课文中的词语、语法等。教师紧紧围绕课文教学的三大目标来展开教学。

在教学过程中，教师沿着“导入—设疑—读课文—串讲课文—回答问题—巩固练习”的步骤展开课文教学，教学内容上下衔接自然，逻辑性强。

在课文讲解上，教师一直采用“图文并茂”“师生问答”的形式，调动全班学生参与课文学习。

在读课文时，为了避免枯燥地读课文，教师精心设计了多种读课文的形式。

在练习上，练习形式多样，紧紧围绕教学目标，达到了巩固学习结果的目的。

在教学过程中利用游戏的形式，充分调动了学生的兴趣和积极性。

针对初级汉语学习者的课文教学，这则教案可作为示范教案。

（点评教师：许文果）

《中文》第六册第十课《屈原》

一、试教学生

张小青（2011 级 B 班，印度尼西亚）

二、指导教师

干红梅

三、教学对象

印度尼西亚小学三年级学生

四、教学内容

《中文》第六册第十课《屈原》对话部分

五、教学目标

（1）通过练习加强学生对对话内容的理解。
（2）让学生能用自己的语言和思维，简单地复述对话的内容。

六、教学重点

（1）流利地朗读。
（2）让学生了解端午节的来历。

七、教学难点

复述对话内容的练习

八、教具准备

多媒体（PPT）、白板

九、教学时间

15 分钟

十、教学过程

（一）导入

同学们好！上星期，其他老师已经给你们上了课文部分。今天我们要学习新的内容咯。在学习新内容之前，我们先来复习一下吧。

大家还记得吗，我们端午节的时候会做什么？（赛龙舟）（PPT 展示图片）端午节的时候要吃什么呢？（粽子）（PPT 展示图片）端午节是为了纪念谁呢？（屈原）（PPT 展示图片）

大家都很棒哦，那今天我们就开始学习新的内容吧。我们要学的是第十课《屈原》的对话部分，是亮亮和明明的对话。

（二）进入课文

老师读一句，你们跟着读一句哦！（一边读，一边解释）

PPT 展示：

亮亮：明天是端午节，你家里买粽子了没有？

明明：我妈妈每年都自己包。你知道端午节是怎样来的吗？

亮亮：我今天刚学了一篇课文，里面说中国人过端午节和屈原有关。你知道屈原吗？

明明：我知道。他是中国的一位爱国诗人，生活在两千三百多年前。他写了许多好诗，现在的人都还很喜欢呢。

（读到这里，暂停，提问）

（1）同学们，在对话里明天是什么节日呢？

（2）明明的家里有没有买粽子？为什么？

（3）屈原是一位什么样的诗人？

（4）亮亮今天学的一篇课文说，端午节和什么有关？

在这里老师解释一下，有关就是有关系、有联系。（将下面的图写在白板上）

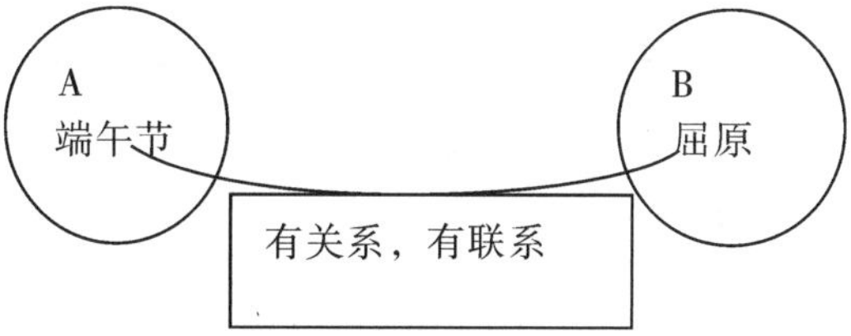

（带领学生读过后，先解释，再提问）

（1）所以，同学们知道了吗？屈原希望什么？

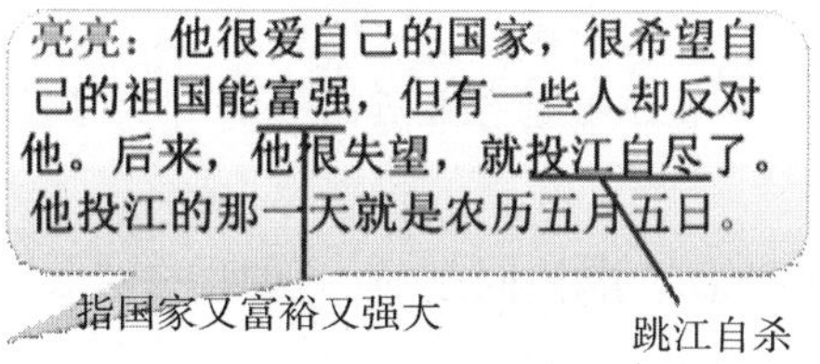

（2）屈原投江的那一天刚好是什么日子？

（3）当人们听到屈原投江自尽的时候，心情是怎么样的呢？

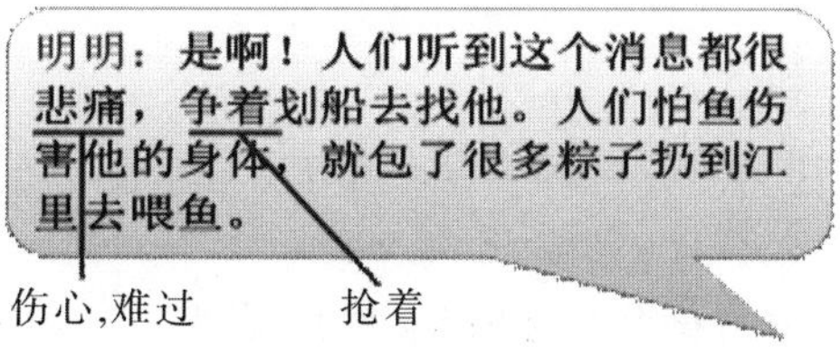

（4）人们怕鱼伤害屈原的身体，于是做了什么呢？

（5）所以从此以后，中国人每年农历五月初五这一天都会做什么？

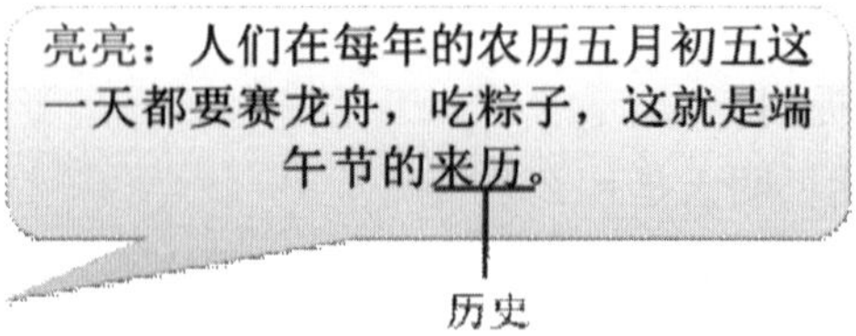

分角色朗读：

亮亮：明天是端午节，你家里买粽子了没有？

明明：我妈妈每年都自己包。你知道端午节是怎样来的吗？

亮亮：我今天刚学了一篇课文，里面说中国人过端午节和屈原有关。你知道屈原吗？

明明：我知道。他是中国的一位爱国诗人，生活在两千三百多年前。他写了许多好诗，现在的人都还很喜欢呢。

亮亮：他很爱自己的国家，很希望自己的祖国能富强，但有一些人却反对他。后来，他很失望，就投江自尽了。他投江的那一天就是农历五月五日。

明明：是啊！人们听到这个消息都很悲痛，争着划船去找他。人们怕鱼伤害他的身体，就包了很多粽子扔到江里去喂鱼。

亮亮：人们在每年的农历五月初五这一天都要赛龙舟，吃粽子，这就是端午节的来历。

明明：老师说中国的很多节日都是有来历的，真有意思。

亮亮的部分由第一排和第二排的同学读，明明的部分由第三排和第四排的同学读。

（三）进入练习

1. 填空题（空白处用图片提示）

（1）明天是__________，你家里买粽子了没有？

（2）中国人过端午节和__________有关。

（3）屈原是中国的一位______________。

（4）屈原投江的那一天就是______________。

（5）亮亮：人们在每年的农历五月初五这一天都要__________，__________，这就是端午节的__________。

答案：端午节、屈原、爱国诗人、农历五月五日、赛龙舟、吃粽子、来历。

2. 按照这些词用自己的语言来复述对话的内容

屈原——爱国诗人——爱自己国家——希望祖国富强——有人反对——失望——投江——农历五月初五

人们怕鱼伤害他的身体——包粽子——喂鱼——每年——赛龙舟——吃粽子——端午节的来历

3. 包粽子

这是包粽子的步骤，下课的时候，老师会发给大家，你们回去可以试一试帮妈妈包粽子哦！

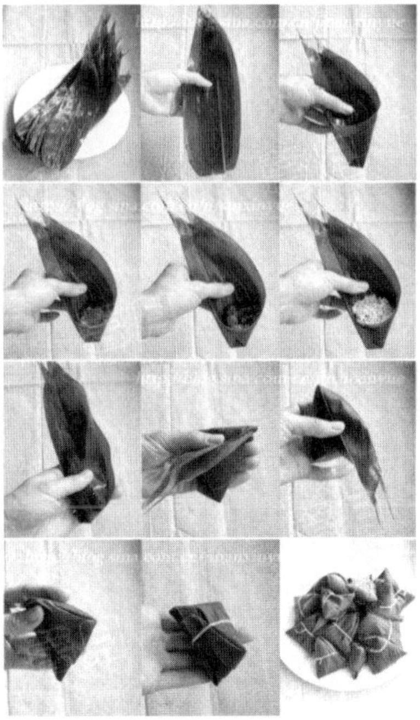

（四）布置作业

同学们今天表现得很不错哦，给自己鼓掌！
今天的作业是把对话练熟，下星期我们一对一对上来表演。

（五）结束语

我们的课就上到这里，同学们再见！

【教案点评】

该教案把课堂上可能说到的每一句话都写了出来，非常详细地展示了教学的整个过程，对于教学经验较少的新教师来说，详案是非常必要的。

该教案条理清楚，教学重点突出。教师利用多种形式练习读和说，对于较难的语言点进行适当的解释分析，有利于加深学生对课文的理解。尤其是用生动的图片代替重点词义进行对话练习，形式活泼。课后作业给学生包粽子的图片，既跟教学内容有关，又具有浓厚的生活气息，锻炼学生的动手能力，让学生对“端午节”有更深刻的体会。布置为课后练习，也节约了课堂时间，安排得十分巧妙。

（点评教师：干红梅）

《汉语》第六册第十二课《刻舟求剑》

一、试讲学生

黄业清（2012 级 B 班，印度尼西亚）

二、指导教师

刘玉红

三、教学对象

印度尼西亚小学四年级学生

四、使用教材

《汉语》第六册

五、教学内容

第十二课《刻舟求剑》课文部分

六、教学目标

（1）学会本课“刻、剑、催、一不小心、不慌不忙”等词语。
（2）理解课文内容，懂得“刻舟求剑”的含义，体会寓言中的道理。

（3）指导学生有感情地朗读课文，并能用自己的话复述故事。
（4）培养学生用发展的观点观察和思考问题。

七、教学重点

朗读课文，理解课文内容

八、教学难点

明白求剑人的想法错在哪里，从而体会课文中要说明的道理：讽刺那些死心眼、不懂得变通的人

九、教具准备

多媒体（PPT）、图片、白板、白板笔

十、教学时间

30 分钟

十一、教学过程

（一）启发谈话、揭题导入新课（2 分钟）

教师：同学们好！今天我们要进入新的一课，但上课之前呢，我们先看这张图片（出示 PPT），这张图片里面有哪些东西呢？

学生：有两个人正在坐船，有一把剑、一条河等。

教师：今天我们要学的是《刻舟求剑》。“刻”是刻印、雕刻、刻下（记号）、做记号的意思。“舟”是指小船。“求”是寻找的意思。“剑”是指宝剑。谁能用自己的话说一说“刻舟求剑”的意思？（指名回答）

学生 × × ×：按照船边上刻的记号来寻找宝剑。

教师：对啦，那他这个办法有用吗？我们一起学习这个故事就知道了。请大家把书翻到第 54 页。

（二）精读理解（20分钟）

1. 学习第一自然段

（1）教师朗读一遍并解释课文内容，学生注意听，特别是朗读的停顿。

（2）请同学们默读课文的第一段，想一想宝剑为什么会掉进水里呢？（坐船过河时，一不小心）（板书：丢剑的原因：坐船过河→一不小心）。

（3）解释"一不小心"：一不注意、一不留神。

（4）让学生用"一不小心"造句。

2. 学习第二自然段

（1）教师朗读一遍并解释课文内容，学生注意听，特别是朗读的停顿。

（2）请同学们默读课文的第二段，看看丢剑人丢了剑之后有什么表现？（一点儿也不着急，拿出小刀在船边上刻了一个记号）（板书：丢剑人的表现：一点儿也不着急）

（3）解释"不慌不忙"：心里很沉着，不着急。

（4）让学生用"不慌不忙"造句。

3. 学习第三自然段

（1）教师朗读一遍并解释课文内容，学生注意听，特别是朗读的停顿。

（2）请同学们默读课文的第三段，看到丢剑人的行为，同船的人是怎么做的？（催他赶快捞剑）

（3）同船的人为什么要催他呢？（因为他心里很着急）哪里体现着急呢？["催"说明他心里很急，你们想想，老师平时催你们做事的时候，声音大不大？（很大）说话的速度怎么样？（很快）同船人说话又大声又快，叫丢剑人赶快去捞，说明速度要快，不然就捞不到了]（板书：同船人的表现：催他"赶快捞"）

（4）解释"催"：叫人赶快行动或做某事。

（5）我们抓住这个自然段里带问号的句子读出来。（有什么用吗?）（没有用）

同船人明明知道答案还要问，这种问句是？（反问句）你能读出反问的语气吗？（男女生赛读）这个反问句强调了同船人心里急和知道刻记号没有用。

（6）我们对比一下：两种人，两种表现，情况不一样了，我们朗读的语气和速度也要改变，第二自然段丢剑人一点儿也不着急，应该读得慢一些；第三自然段同船人心里很急，我们就要读快一些，声音大一些，你们能读好吗？（全班读，小组赛读）

（设计意图：通过对比朗读，让学生读出丢剑人不着急的心情和同船人着急的心情）

4. 学习第四自然段

（1）教师朗读一遍并解释课文内容，学生注意听，特别是朗读的停顿。

（2）请同学们默读课文的第四段，被别人催促了之后，丢剑人是不是改变了态度呢？（没有，他还坚持自己的意见）我们一起读第四自然段。

（3）哪个词语最能体现他还坚持自己的意见？（笑着说："不用着急……"）（理解笑着说："不用着急……"）（板书：丢剑人的态度：不着急）

（4）他为什么不着急呢？因为他很相信自己的办法，他对自己的办法很自信，哪些词语能体现他的自信？（就能）

（5）既然他那么自信，那他按照自己的办法能捞到宝剑吗？为什么？（同桌讨论，教师小结）不能。因为船一移动，船的位置就变了，船上的记号对应的位置也跟着变了，那个人只记住宝剑从船舷掉下去的位置，并不是宝剑掉在水里的位置，所以，完全不可能在船靠岸之后，从船上刻有记号的地方捞到剑。

（设计意图：让学生同桌之间互相讨论，交流信息，学会合作学习，明白刻舟求剑中丢剑人的做法是没用的）

5. 思考

（1）文章中哪句话体现了他的不慌不忙？

（2）想一想，等船靠岸后，那个人跳下去能找回宝剑吗？为什么？

（3）怎么样才能捞到剑呢？

（4）这个人是个什么样的人呢？从哪里可以看出来呢？

6. 故事总结

通过这个故事，你明白了什么道理？

丢剑人错在哪里？你明白了什么道理？（学生分组讨论，请几组派代表回答，再总结）（丢剑人错在不按情况的变化去处理事情。我明白了要根据情况的变化来处理问题，情况变了，处理的办法也要跟着改变）

（设计意图：学习这则寓言，结合生活实际，培养学生的思考能力、分析能力，并警醒学生要根据情况的变化来处理问题，不犯类似的错误）

（三）课堂练习 1：按照课文分角色进行对话（2 分钟）

小组分角色朗读课文。

（四）课堂练习 2：看图片复述故事（2 分钟）

看图讲故事，讲出韵味。请同学讲故事，教师和其余同学认真听，并提出指导性意见。

（设计意图：通过自学，老师范读、学生互读、小组展示等，加强对文本的了解）

（五）课堂练习 3：选词填空（2 分钟）

（六）课堂练习 4：把词语排成正确的句子（2 分钟）

（七）作业

熟读课文《刻舟求剑》。

附录：板书设计

刻舟求剑	丢剑的原因：坐船过河 →一不小心 丢剑人的表现：一点儿也不着急 同船人的表现：催他“赶快捞” 丢剑人的态度：不着急	不按情况的变化处理事情

船移动 → 河中间（剑掉了，做记号）→ 码头（跳下水里，捞不到剑）

【教案点评】

黄业清同学备课认真，对所讲内容非常熟悉。教学重点突出，难点处理恰当，教学方法灵活，能巧用图片激发学生的学习积极性，精心设计问题，循循善诱，通过问答讨论方式帮助学生理解课文内容，充分调动学生的主观能动性，顺利突破教学难点。提问、板书、作业等教学程序完备，教案书写格式规范。

（点评教师：刘玉红）

《汉语》第七册第五课《是酸的还是甜的》

一、试讲学生

吴惠恩（2013 级 A 班，马来西亚）

二、指导教师

刘文辉

三、教学对象

马来西亚华文小学五年级学生（大约 11 岁）

四、使用教材

《汉语》第七册

五、教学内容

第五课《是酸的还是甜的》课文部分

六、教学目标

（1）熟读课文。
（2）学会谚语“吃不到葡萄就说葡萄酸”。

七、教学重点

学生熟读课文后并回答问题：狐狸为什么吃不到葡萄？狐狸为什么说葡萄是酸的？

八、教学难点

学会谚语“吃不到葡萄就说葡萄酸”，并能适当地运用到生活当中

九、教学方法

引导技能、提问技能、游戏技能

十、教具准备

多媒体（PPT）、白板

十一、教学时间

20 分钟左右

十二、教学过程

（一）组织教学、复习生词（2 分钟）

同学们好！（老师好！）同学们还记得昨天我们学习的生词吗？让我们再复习一遍吧。

（二）导入及拓展新课（12 分钟）

结合课文，配上相应的彩色图片。

同学们，昨天我们学到了“葡萄”这个生词，大家喜欢吃葡萄吗？

那同学们看看这三只分别是什么动物？（PPT 展示狐狸、小猴子、小兔子的图片）

今天呢，老师要教的新课文就发生在这三只小动物的身上，叫作“是酸的还是甜的”，同学们，你们听说过狐狸吃不到葡萄却说葡萄很酸的故事吗？

在还没开始之前我们先看看白板上的问答题，等学完课文后要请同学来回答哦。

想一想

1.狐狸为什么吃不到葡萄？

2.狐狸为什么说葡萄是酸的？

同学们，先跟着老师一起读，好不好？

葡萄架上的葡萄熟了。一串串、一颗颗，紫的、红的，晶莹剔透，非常诱人。

什么水果熟了？（葡萄）一颗颗的，有（紫 ）色还有（红 ）色，大家喜欢吃紫色还是红色的葡萄？

一只狐狸走过来，它很想吃架上的葡萄。可是葡萄架太高了，狐狸吃不到葡萄，只能在下面转来转去。最后，它指着架上的葡萄，生气地说：“这葡萄是酸的，不能吃！”

这时什么动物走了过来？（狐狸）它很想吃架子上的（葡萄），但它为什么吃不到呢？（因为架子太高了）然后它生气地指着架子说了什么？（葡萄酸，不能吃）

旁边的小兔子听到了，心里想：狐狸很聪明，它说葡萄是酸的，那一定是酸的，不能吃！

小兔子为什么也认为葡萄是酸的呢？（因为它认为狐狸很聪明，它说葡萄是酸的，那一定是酸的）

这时，来了一只小猴子。它望了望架上那一串串紫红色的葡萄，迫不及待地爬上葡萄架，摘下一串就要吃。小兔子连忙说："不能吃，不能吃，这葡萄是酸的！"

这时来了什么小动物？（小猴子）它是怎样爬上架子摘葡萄的？（迫不及待）小兔子怎样阻止小猴子？（连忙说葡萄是酸的）

小猴子笑着问："你尝过吗？"小兔子摇摇头，说："我没敢尝，狐狸说葡萄很酸。"

小兔子有没有吃过架子上的葡萄？（没有）

小猴子不相信，大口大口地吃起葡萄来。小兔子见它吃得这么开心，也尝了一颗。啊！真甜。

结果葡萄味道怎么样？（真甜）

小兔子很疑惑，它想："这些葡萄这么甜，狐狸为什么要说成是酸的呢？"

同学们，为什么小兔子感到疑惑呢？（因为葡萄并不是酸的）

同学们都很棒！

（三）动脑筋与故事启发（2 分钟）

我们学完了课文，现在我们来动一动脑筋，有谁可以回答白板上的问题？

1．狐狸为什么吃不到葡萄？

因为葡萄架太高。

2．狐狸为什么说葡萄是酸的？

因为它吃不到葡萄，就安慰自己说葡萄是酸的。

同学们，我们从这三只小动物的身上能学到什么呢？（配上三只小动物的图片）

狐狸明明没吃到葡萄却说葡萄是酸的，大家觉得它这样做对吗？（不对）大家知道什么谚语是用来表达狐狸这种行为的吗？（吃不到葡萄就说葡萄酸）

对了！“吃不到葡萄就说葡萄酸”，意思是得不到某样东西而说出自我安慰的话。比如：小明买了一双最新款的球鞋，可是阳阳没有，阳阳就说这球鞋一点儿也不好穿！这就是吃不到葡萄就说葡萄酸的意思，大家都明白了吗？

我们再看看小兔子，同学们谁可以说说对小兔子的看法？

它听到狐狸说葡萄酸，它就认定葡萄是酸的，大家觉得它这样做对不对？（不对，它应该先尝一尝）

同学们要记住做任何事情都要勇敢，不要只听别人说哦！这样做才有机会成功，明白了吗？（明白了）

勇于尝试

小猴子呢？它今天做得对不对？（对）

对了，大家要像它那样勇于尝试哦，要勇敢，好不好？（好）

哇！大家都好棒！给自己一个爱的鼓励（12123 123412）。

（四）对话游戏（2分钟）

同学们，现在我们来玩个小游戏，我们分成三个组，一组当狐狸，另外两组分别当小兔子和小猴子，大家一起来说故事，好不好？那老师当旁白咯，开始！

老师旁白：一只狐狸走过来，它很想吃架上的葡萄。可是葡萄架太高了，狐狸吃不到葡萄，只能在下面转来转去。最后，它指着架上的葡萄，生气地说："这葡萄是酸的，不能吃！"

狐狸（小组1）："这葡萄是酸的，不能吃！"

老师旁白：旁边的小兔子听到了，心里想……

小兔子（小组2）：狐狸很聪明，它说葡萄是酸的，那一定是酸的，不能吃！

老师旁白：这时，来了一只小猴子。它望了望架上那一串串紫红色的葡萄，迫不及待地爬上葡萄架，摘下一串就要吃。小兔子连忙说……

小兔子（小组2）："不能吃，不能吃，这葡萄是酸的！"

老师旁白：小猴子笑着问……

小猴子（小组3）："你尝过吗？"

老师旁白：小兔子摇摇头，说……

小兔子（小组2）："我没敢尝，狐狸说葡萄很酸。"

老师旁白：小猴子不相信，大口大口地吃起葡萄来。小兔子见它吃得这么开心，也尝了一颗。

小兔子（小组2）：啊！真甜。

老师旁白：小兔子很疑惑，它想……

小兔子（小组2）："这些葡萄这么甜，狐狸为什么要说成是酸的呢？"

（五）巩固课文（2分钟）

同学们真厉害！通过练习，老师知道大家已经学会了这个故事。在下课之前我们再来复习一遍好不好？我们请几位同学给我们讲讲故事。

（放图片，然后请同学一起复述）

（六）小结（2分钟）

今天的课就上到这里，老师有任务派给大家，请同学们回去把这个故事讲给爸爸妈妈听，谢谢同学们！

【教案点评】

吴惠恩同学的教案是《汉语》第七册第五课《是酸的还是甜的》，教学对象是马来西亚华文小学五年级的学生，主要的教学内容是该课的课文《是酸的还是甜的》。

客观来讲，不少学生都把“讲课文”做成了“读课文”，结果教学效果不甚理想，而吴惠恩同学的这则教案非常详细、生动、新颖地展示了什么叫作真正的“讲课文”。

具体而言，其可取之处包括以下几点：

(1) 在课文还没开始之前先在白板上设计了两道问答题——1. 狐狸为什么吃不到葡萄？2. 狐狸为什么说葡萄是酸的？——要求学生等学完课文后再来回答，这样一下子就把学生学习本篇课文的积极性给调动了起来，使学生能够带着问题进入课文。

(2) 在具体讲解课文时，吴惠恩同学利用了提问的方式，来考查学生对于课文的理解和掌握情况，同时对于文中较难的知识点也予以较为详细的解释、说明，尤其是“吃不到葡萄就说葡萄酸”的具体含义。

(3) 该教案不仅仅是在讲课文，而且做到了对课文内容的升华，让学生讨论“同学们，我们从这三只小动物的身上能学到什么呢?”这样就使学生不仅学会了本课的知识点，还学会了更多的人生道理，真正做到了“教书育人”。

(4) 该教案中的“对话游戏”和根据图片请同学一起复述课文的方式也都值得肯定，用这些十分新颖而有趣的方式使学生们一次又一次地对课文进行了巩固，从而完全理解、掌握了课文的内容及其内涵。

总之，该教案是一篇由留学生所设计的上乘之作。

（点评教师：刘文辉）

综合篇

《中文》第三册第四课《猜一猜》

一、试讲学生

陈爱珠（2005 级 B 班，印度尼西亚）

二、指导教师

李小凤

三、教学对象

印度尼西亚小学二年级学生

四、使用教材

《中文》第三册

五、教学内容

第四课《猜一猜》生词、课文部分

六、教学目标

（1）学习课文中的生词，能读准并正确书写、理解其意义。
（2）正确理解谜语的内容。

（3）养成爱思考的好习惯。

七、教学重点

理解谜语的内容

八、教学难点

“只、传、采、劳动”4 个生词

九、教具准备

多媒体课件（动作演示、画画）、白板、白板笔

十、教学时间

30 分钟

十一、教学过程

（一）组织教学、导入新课（2 分钟）

1. 师生问好，猜一猜（板书）

同学们好！（老师好！）你们喜欢猜谜语吗？（喜欢/不喜欢）

你们看，老师的两只拳头，哪只有东西？（左手/右手）

说右手的同学请举手。很好！你们猜对了。

刚才你们已经猜了老师的哪只手握了东西。

那“猜”是什么意思呢？（老师把题目“猜一猜”写在白板上）是不是我们已经知道了要猜的东西？（不知道）所以，我们得动脑筋去想一想，找到最接近的答案，这就是“猜”。

爸爸妈妈在家有没有给你们猜谜语？（有/没有）那好！今天我们来学“猜一猜”。

回去以后也要给爸爸妈妈猜一猜，好吗？

2. 猜谜语

外面青色，里面红色，是什么水果？（西瓜、番石榴/芭乐）

（二）学习新课（25 分钟）

1. 学习谜语 1

（1）学习生词：猜、鼻子、眼睛、只、耳朵、嘴、边。

①猜（展示图片）。

②鼻子。

a. 有两个洞洞（画在白板上），可以闻到妈妈做的菜很香、可以呼吸，是什么？（鼻子）

b. 你们看（用 PPT 展示图片），猪的鼻子跟蜗牛的有什么不一样？（猪是大鼻子、蜗牛是小鼻子）

c. 举个例子：×××（班上的一位同学）有一个大鼻子，老师有一个小鼻子。

词语搭配：鼻子、鼻梁、鼻孔（不要求学生背词语，只是稍微介绍给他们知道）

③眼睛。

a. 上边是毛、下边是毛，中间有一颗黑葡萄，它住在我们脸上，是什么东西？（眼睛）

b. 我们有几只眼睛？（有两只眼睛/一双眼睛/一对眼睛）

c. 小朋友哭了以后眼睛会怎么样？（变红了）所以我们可以说眼睛都哭红了。

d.（用 PPT 展示眨眼睛的图片）小朋友我们一起来眨眼睛吧。（让学生一起做动作）

e. 看到别人有很多钱的时候，眼睛会怎么样？（眼睛变红了）

④只。

通过 PPT 上的图片，让学生使用“只”描述。比如：一只猫、两只熊猫、三只猴子、四只小狗。

同学们，你们看到老师的手指向哪里，就用“只”来一起说一说：两只眼睛、两只耳朵、一只手。

⑤耳朵、嘴。

用嘴说话、用耳朵听。

⑥边。

（老师引导学生使用“边”）

a. 老师一边说话一边……（写字）

b. ×××（班上的一位同学）一边唱歌一边……（跳舞）

问：大家还能想到什么？

（2）老师领读谜语1（丁零零，丁零零，没有鼻子没眼睛。一只耳朵一张嘴，一边说话一边听）。

（3）学生猜谜底。（电话）

（4）齐读谜语两遍，让学生一边读一边演示。

（5）请一个学生背说课文。

2. 学习谜语2

（1）学习生词：传、粉、采、蜜、劳动。

①传。

“传”是由一方交给另一方。

a. 老师把消息告诉×××同学，然后×××同学又告诉旁边的人，叫作“传消息”。

b. 蜜蜂把一朵花的花粉带到另一朵花那里，叫作“传花粉”。

②粉。

a. 我们吃的面包是用什么粉做的？（面粉）

b. 蜜蜂传的是什么粉？（花粉）

c. 你们知道花粉有什么作用吗？花粉可以做药、可以做茶（展示PPT上的图片）。

③采。

a. 在白板上画古代“采”字的来源。（上面的字是“爪”，意思是用手去摘，下面是一棵树长了水果。用手去摘水果叫作“采”）

b. “采”可以说采花、采果子。

c. 在白板上画一个人在树下休息，让学生猜一个汉字。（休）（可有可没有）

④蜜。

a. 蜜蜂喜欢采什么？（花蜜）你们喜欢喝花蜜吗？花蜜很好，很有营养，喝花蜜可以使你们变成一个健康的人。

b. 除了蜜蜂，还有什么动物喜欢花蜜呢？（蝴蝶、昆虫等）（稍微展示图片即可）

⑤劳动。

同学们，什么是劳动？你们看看这个小朋友（用PPT展示图片），他的手跟脚不停地动是不是正在劳动？（有些同学很聪明，马上说那是在“梦游”。老师听了及时表扬）（接下来展示熊猫正在睡觉、驴子正在发呆）同学们，这些都是劳动吗？（不是）那劳动是什么呢？（鸦雀无声）（PPT 展示一些劳动的图片）

你们在家有没有帮妈妈扫地、洗衣服、洗碗？（没有）看来你们不爱劳动，跟老师一起读两遍“我们要热爱劳动”。

读得很好。我们都要像他们一样热爱劳动，做一个勤奋的孩子，好不好？（好）

（2）老师领读谜语 2（嗡嗡嗡，嗡嗡嗡，飞来飞去忙做工。传花粉，采花蜜，从小个个爱劳动）。

（3）让学生猜一猜谜底。（蜜蜂）

（三）巩固练习（2 分钟）

1. 读一读

（1）每个人读一个短语：

用脑思考　用嘴说话　用眼睛看　用嘴吃饭

用鼻子呼吸　用手工作　用耳朵听　用脚走路

（2）学生齐读：

人有一个鼻子和两只眼睛。

人有一张嘴和两只耳朵。

2. 提问

（1）蜜蜂忙着做什么？（传花粉、采花蜜）

（2）我们要向蜜蜂学什么？（热爱劳动）

（四）布置作业、课堂小结（1 分钟）

作业：背诵课文中的谜语，回去给爸爸妈妈猜一猜。

今天我们要表扬……同学：

（1）×××同学今天上课没有迟到。

（2）×××同学上课很积极回答问题，学习很认真。

（3）×××同学刚才帮老师做事了，他很爱劳动。

【教案点评】

教案的说明部分，教学目标、重点、难点等各部分设计合理。教案的核心部分，教学过程中步骤清晰，符合学生的年龄特点和学习的基本规律；教学方法主要有动作演示、画画、图片展示、猜谜语、背说课文等，灵活多样、生动形象，符合学生的特点和教学内容的需要；词语讲解注意阐发词语的文化象征意义，如“看到别人有很多钱的时候，眼睛会怎么样？眼睛变红了”中的“红”；教学中善于利用教室现场举例或进行语言操练，如“×××（班上的一位同学）有一个大鼻子，老师有一个小鼻子”；教案中体现了教师的启发、主导等基本的教学技能，并积极调动学生参与，体现了学生的主体性；导入环节的设计比较新颖，能激发学生的学习兴趣，并与教学内容紧密相关。另外，教案写作规范，内容详尽，能预测教学。需要改进的地方主要是可以增加板书设计作为附录部分。

（点评教师：李小凤）

《中文》第四册第二课《颐和园》

一、试讲学生

世玉（2007级C班，泰国）

二、指导教师

宗世海

三、教学对象

海外学汉语的小学三年级学生，以泰语为母语

四、教学内容

学习后半段的课文及相关语法点

五、教学目标

（1）能够流利朗读后半段的课文。
（2）能够理解和使用课文中的词语。
（3）要求学生理解和掌握课文的语法点（“……可真……”和“从……到……”）。

六、教学难点

理解和掌握“……可真……”和“从……到……”的用法

七、教学时间

30 分钟

八、教学过程

（一）导入语（1 分钟）

教师采用复习和提问法进行导入教学：

同学们，早上好！你们还记得昨天我们上的第二课《颐和园》中有什么景色吗？（同时在屏幕上展出颐和园景色的图案，如长廊、万寿山、昆明湖等）

那么，我们来看一下颐和园里还有什么美丽的景色吧，请同学们把书翻到第 12 页。

（二）生词学习（5 分钟）

1. 教师带学生读生词：中心、十分、生动、可爱、美丽
2. 解释生词

中心 zhōng xīn（名）：ใจกลาง，ศูนย์กลาง，ตรงกลาง

昆明湖的中心、体育中心

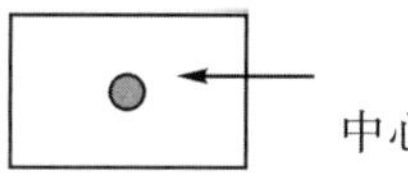

例：湖的中心有一个小岛。

十分　shí fēn（副）：อย่างยิ่ง，เป็นอย่างมาก／很

十分与很的意思和用法是一样的，“十分 ＋ 形容词”

↓

十分美丽、十分可爱

例：颐和园的景色十分美丽。

生动　shēng dòng（形）：ดูมีชีวิต / 看起来有活力

十分生动、很生动

例：七孔桥上的石狮子十分生动。

可爱　kě'ài（形）：น่ารัก/ 令人喜欢

例：同学们很可爱。

云云的本子很可爱。

美丽　měi lì（形）：สวยงาม/ 好看、漂亮

例：长廊的景色十分美丽。

（在解释生词的过程中，PPT 上还会展示与例子有关的图片）

（三）阅读课文的学习（9 分钟）

教师先有感情地朗读课文（1 分钟），然后带学生读两遍课文（2 分钟），接着分组朗读课文（3 分钟），最后通过教师准备的视频来讲解课文的内容（3 分钟）。

沿着湖边向东走，来到湖的东岸，从（cóng）湖的东岸到（dào）湖中心（zhōng xīn）的小岛，要走过一座长长的石桥。这座桥有十七个桥洞，叫十七孔桥。桥两边的石柱上有很多小狮子。它们都很生动（shēng dòng），十分可爱（shí fēn kě ài）。

颐和园的景色可真美（měi）啊！

（四）语法教学（7 分钟）

cóng…… dào……

从（名）…… 到（名）……

· 可以跟方位词结合在一起，表示范围或位移。

从东到西、从泰国到中国、从这里到那里

例：从教室的左边到教室的右边都坐满了学生。

· 可以跟表示时间的词语结合在一起，表示时间。

从早到晚、从今天到明天

例：他从早到晚都坐在这里。

（在解释用法的过程中，PPT 上还会展示出相关的图片或其他例子）

这儿的景色可真美啊！

这是一个感叹句，表达了强烈的思想感情。感叹句常用“太”“真”“极”等词语，句末常有“啊”“了”等感叹词，这几个词的搭配一般是：“太……了”“真……啊”“极了”，句末一般用感叹号“！”来表达强烈的思想感情。

例：这个公园可真大啊！

妈妈做的菜可真好吃啊！

……（某种情况、事或物）……可真……（形容词）……！

· 颐和园的长廊可真长啊！

· 天坛的面积可真大啊！

· 故宫的房间可真多啊！

（五）课堂练习（7 分钟）

看图完成句子。

（1）空姐的衣服可真__________________。（配空姐图片）

（2）__________________的景色可真_____________。（配北海和天安门的图片）

（3）___________________可真___________________。（配海珠湖图片）

（4）______________________________________。（配天坛和颐和园图片）

（练习采用造句和提问法来进行教学，这四张 PPT 只是练习的一部分，在课堂上学生还要按照教师提供的视频、图片和教师的动作等来回答问题）

（六）布置作业（0.5 分钟）

用“可真”和“从……到……”造句，每一个造 5 个句子。

（七）结束语（0.5 分钟）

同学们还有什么问题吗？如果没有了，回去以后要好好地做作业，明天交给老师，那么今天的课就上到这儿。再见！

【教案点评】

这是一个比较完整的教案，主要分词语学习、课文学习、语法学习和练习四个部分，其中前三个部分是重点。

词语学习的优点是给出学生熟悉的泰文注释，而减少讲解。这是一种事半功倍的方法，值得提倡。在词语学习中，执教者还设法用图示等方法辅助释义。

课文学习部分以朗读为主，并凸显了生字生词。

语法部分费力较多，增加了练习以便学生从知到会。

本教案的不足是课文讲解部分做得不够细致、到位。

（点评教师：宗世海）

《中文》第三册第十课《问答》

一、试讲学生

秦仙霞（2005 级 A 班，印度尼西亚）

二、指导教师

蔡丽

三、教学对象

海外小学二年级学生

四、使用教材

《中文》第四册

五、教学内容

第十课《问答》

六、教学目标

（1）掌握本课的生字词，要求会读会写。
（2）学习两个部首：舟、毛，要求会认会写。

（3）学习重点句子（什么 弯弯 挂天边?）。
（4）理解课文内容，能正确、流利地朗读并背诵课文。

七、教学重点

能正确、流利地朗读并背诵课文

八、教学难点

掌握本课词语的用法；掌握重点句子

九、教学方法

讲授法、演示法、讨论法、问答法

十、教学时间

2 课时

十一、教学过程

（一）导入

各位同学，大家好！上课之前，老师先问你们一个问题，你们喜不喜欢猜谜语啊？（学生回答）
今天我们要学的课文是《问答》，里面有很多很多好玩的谜语。
首先，我们先学一下课文里面的生词。

（二）讲解字词

1. 带读词语
2. 讲解词语（同时讲词语中所含生字的笔画笔顺）
（1）什么 shén me。

◆ 句子："什么弯弯挂天边？"

什么（代）：表示疑问（按照课文里面的意思）。

举例：你叫什么名字？（跟刚认识的人，一般会先问他/她的名字）

这是什么意思？（听不懂老师讲课时）

这是什么？（看到不知道的东西时）

◆ 扩展与替换：

◆ 什么

什么书

这是什么书？

什么

什么名字

你叫什么名字？

设置情境，请同学们用"什么"说句子：

（你看到一个朋友，但不知道他在那里干吗）你在做什么？

（你想去一个朋友家的时候）我们什么时候去你家玩？

（2）答 dá（通过举例子来解释）。

◆ 组词：问答、回答、答案

举例：老师问，学生回答。

你们知道答案是什么吗？（做题的时候，老师一般会问）

◆ 笔画笔顺：

"答"字是竹字头加上"合"字。（共有 12 画）

（3）毛笔 máo bǐ。

◆ 毛笔（名）：（主要使用图案，展示实物给学生看）

举例：这是一支毛笔。（注意量词）

他的手里握着一支毛笔。（"握"是提手旁加上"屋"字，共有 12 画）

（从第二个例子学"握"字的笔画笔顺）

◆ 学"毛笔"的笔画笔顺，老师在白板上写。［毛（共有 4 画）、笔（共有 10 画）］

提醒："笔"字是"毛"字加竹字头。（可以跟前面刚学的"答"比较，让学生找相同处）

（4）火箭 huǒ jiàn。

◆ 火箭（名）：（主要展示图案让学生了解）

◆ 学“火箭”的笔画笔顺，老师在白板上写。
叫学生上前写“火”字。（共有 4 画）
“箭”字是“前”字加上竹字头。（共有 15 画）（与前面的“答”“笔”比较）
◆ 通过图案说出“火箭”的形状，引导学生学“尖”字的笔画笔顺。
举例：一枚（méi）火箭（注意量词）
火箭的头很尖（jiān）。
“尖”字是“小”字加上“大”字。（共有 6 画）
（5）苹果 píng guǒ。
◆ 苹果（名）：（主要展示图案让学生了解）
◆ 学“苹果”的笔画笔顺。
“苹”是草字头加上“平”字。（共有 8 画）
◆ 通过图案观察苹果的形状，引导学生学“圆”字的笔画笔顺。
举例：一个苹果（注意量词）
圆圆的苹果
“圆”字是国字围加上“员”字。（共有 10 画）
（6）葡萄 pú tao。
◆ 葡萄（名）：（主要展示图案让学生了解）
◆ 学“葡萄”的笔画笔顺。
“葡”字和“萄”字都是草字头。
“葡”字是草字头加上“匍”字。（共有 12 画）
“萄”字是草字头加上“匋”字。（共有 11 画）（把本课所学草字头的字都放在一起，引导学生观察）
◆ 说葡萄的量词，学“串”字的笔画笔顺。
举例：一串葡萄（注意量词）
（一串钥匙、一串烤肉）
“串”字表示把东西穿在一起（图示、实物展示）。（共有 7 画）
（7）船 chuán。
◆ 船（名）：（主要展示图案让学生了解）
举例：这是一艘船。（注意量词）
弯弯的船（接这个例子连讲接下来的“弯”字）
◆ 笔画笔顺：
“船”字是“舟”字旁。（共有 11 画）

（8）弯 wān。（画两条线：一条是弯的，另一条是直的）

♦ 弯（形）：通过做动作让学生明白“弯”和“直”的意思。

举例：弯弯的月亮、弯弯的船

弯着腰、弯着身子

♦ 反义词：直

♦ 笔画笔顺：“弯”字是恋字头加上“弓”字。（共有 9 画）

讲完所有的生词后让学生再读一遍。

（三）学习课文

（1）先用图片讲解课文内容，每讲完一段带学生读一遍。

（2）讲完了课文，再带学生读一遍，接着让学生自己读一遍。

（3）讲练课文。引导学生根据课文来回答：

a. 船儿停在哪儿？	船儿停在江边。
b. 什么是一串串的？	葡萄是一串串的。
c. 鲤鱼在哪儿游？	鲤鱼在水中游。
d. 什么红红照满天？	太阳红红照满天。
e. 什么是尖尖的？	毛笔和火箭。
f. 什么是圆圆的？	苹果和葡萄。

（四）课堂练习

（1）带学生读第 94 页“读一读”和“扩展与替换”。

（2）带读“对话”部分，让学生分组读一遍。注意学生的声调和发音。（让一组学生问，一组学生答）

（五）阅读教学

（1）阅读课文《特别的朋友》并且进行讲解。

♦ 先读前两段，叫同学们猜一猜这位“朋友”到底是谁？接着读第三段。

（2）学习阅读课文里面的主要字词。（利用前面的阅读课文讲解词语，解释词语的时候，主要是让学生去思考和发现词语在句子当中的意思）

特别 tè bié

（通过一些例子的比较，让同学们明白“特别”的意思）

举例：我有一个特别的朋友。（阅读课文里面的句子）

这份礼物很特别。

虽然 suī rán

♦ 虽然（连）：

一般使用：虽然……，但是/可是……

举例：虽然看起来它的本领很大，但是如果没有我，它什么都做不了。（阅读课文里面的句子）

虽然今天是星期六，但是她还去图书馆看书。

虽然她今天病了，但是她还来上课。

不论 bù lùn

♦ 不论（连）：无论、不管

一般使用：不论……，……都……

举例：不论下中国象棋还是国际象棋，输的都是我。（阅读课文里面的句子）不论她穿什么衣服，都一样漂亮。

改正 gǎi zhèng

♦ 改正（动）：

举例：我写错的字，它都能帮我改正。（阅读课文里面的句子）

请同学们把作业里的错误改正一下。（老师检查好学生的作业之后）

我们都希望能改正自己的缺点。（人无完人，每一个人都有缺点）

永远 yǒng yuǎn

♦ 永远（副）：

举例：它永远是我的好朋友。（阅读课文里面的句子）

每个父母都会永远爱自己的孩子。

我永远不会忘记你们。

（3）让学生在规定的时间内再次阅读，读后提问检查阅读理解情况：

a. "我"和"我"的"特别的朋友"，谁的本领更大？为什么？

答："我"的"特别的朋友"的本领更大，因为它虽然整天待在家里，可是世界上的大事和小事它都知道。

b. "我"的"特别的朋友"有什么样的本领？

答：它的本领是：①会下中国象棋和国际象棋；②能唱好听的歌；③有很好的英文和中文水平，帮助"我"学中文，改正"我"的错字；④能玩各种游戏。

c. "我"的"特别的朋友"有什么不足的地方呢？

答：虽然它本领很大，但是如果没有"我"，它什么都做不了。

（为了让学生能灵活回答，不把答案呈现在PPT上，最后老师总结正确的答案）

（六）布置作业

请同学们把今天的课文背下来，另外把练习 B 册第 70 ~ 73 页做一下。

【教案点评】

这是一则完整的课题教案，教学内容包括生字、生词、课文及阅读课文教学，设计者能针对各部分教学内容的特点，灵活设计教学方法，针对性较强。例如，同样是词语教学，对主课文中出现的词语与在阅读课文中出现的词语的教学要求就不同，主课文中出现的词语要求会读会认会写会用，而阅读课文中的词语会认会读即可，在讲解时的侧重点也有所不同。

整则教案内容完整，条理清晰，将生字词教学巧妙地融合在一起，擅于使用直观教学手段加深学生的理解，字词教学均重视对用法的讲析，采用丰富、有针对性的例句引导学生学会如何使用。

（点评教师：蔡丽）

《汉语》第六册第四课《唐人街的国庆节》

一、试讲学生

杨紫虹（2012 级 A 班，马来西亚）

二、指导教师

常芳清

三、教学对象

马来西亚国民型华文小学三年级学生（约 9 岁）

四、使用教材

《汉语》第六册

五、教学目标

（1）学生能够正确地运用动态助词“着”。
（2）学生能够准确、流利、有感情地朗读课文。
（3）学生能够理解课文并复述课文。

六、教学内容

第四课《唐人街的国庆节》的语法学习和课文学习。

七、教学重点

（1）掌握动态助词“着”的正确用法。
（2）复述课文内容。

八、教具准备

白板、白板笔、多媒体（PPT）、辅助道具

九、教学时间

2 学时（90 分钟）

十、教学过程

（一）导入（2 分钟）

老师：同学们，下午好！上一次我们已经学了第四课《唐人街的国庆节》这篇课文的生词，大家还记得吗？（记得）昨天复习了吗？

学生：复习了。

老师：好，那我们今天再复习一遍，看看你们学会了多少。大家准备好了吗？那我们现在开始复习吧！

（二）复习上节课的生词——课本第 19 页（10 分钟）

1. 老师带读一遍复习生词

老师：请同学们打开书，翻到第 19 页。好，我们先复习上一节课的生词，老师读一遍，你们跟着读一遍。

1. 抱 bào
2. 娃娃 wá wa
3. 到处 dào chù
4. 灯笼 dēng long
5. 各式各样 gè shì gè yàng
6. 街 jiē
7. 品尝 pǐn cháng
8. 小吃 xiǎo chī

9. 纪念品 jì niàn pǐn
10. 舞 wǔ
11. 狮子 shī zi
12. 鼓 gǔ
13. 锣 luó
14. 吹 chuī
15. 喇叭 lǎ ba
16. 欢快 huān kuài

2. 学生集体齐读一遍

老师：非常好！现在老师让大家齐读一遍哦！但是这次是没有拼音的，好，预备，开始！

1. 抱
2. 娃娃
3. 到处
4. 灯笼
5. 各式各样
6. 街
7. 品尝
8. 小吃
9. 纪念品
10. 舞
11. 狮子
12. 鼓
13. 锣
14. 吹
15. 喇叭
16. 欢快

3. 抽查个别学生

老师请几位学生认读生词。因为这部分的生词有 16 个，所以只抽 6 ~ 8 个生词来进行认读。顺序可以有多种变化，如纵向、横向、偶数、奇数等，切忌单一。改变顺序是为了使学生处于认真和专心的状态，无论是谁都有被点名的可能。

4. 听写

老师请学生把书本合上，然后拿出本子来进行听写。学生在下面听写的同时，老师会请几位学生上来把答案写在白板上。听写完毕后，师生一起改正写错的汉字，同时及时表扬鼓励写得好的学生。

（三）学习语法——课本第 16 页（20 分钟）

老师：现在复习环节结束，今天老师会教你们一个新的语法点——动态助词“着”的用法，你们想不想学啊？

学生：想！

老师：好，那我们现在开始学习。

1. 使用动作引入“着”的语法点

老师：下面请同学们看一看老师在做什么。

老师行为：手上举一本书，慢慢地放到桌子上，一边做动作一边提问。

老师引导语：
（1）这是什么？（一本书。）
（2）老师现在在做什么？（放书。）
（3）现在书在哪儿？（书在桌子上。）
（4）桌子上是不是放着一本书？（是，桌子上放着一本书。）

老师行为：请学生把书包背起来。
老师引导语：
（1）这是什么？（一个书包。）
（2）那位同学现在在做什么？（背书包。）
（3）那位同学背着什么？（背着一个书包。）

老师行为：请学生上来画一只兔子。
老师引导语：
（1）那位同学现在在做什么？（画画。）
（2）老师让他画什么？（画一只兔子。）
（3）现在他正画着什么？（画着一只兔子。）

老师行为：请学生往窗户外面看一看。
老师引导语：
（1）草地上有什么？（有美丽的花朵。）
（2）花是不是长在草地上？（是。）
（3）草地上长着什么？（长着很多美丽的花朵。）

老师行为：老师站在讲台上，请学生坐在椅子上。
老师引导语：
（1）刚刚老师讲了很多例子，老师是站着还是坐着上课？（站着上课。）
（2）你们是站着听课还是坐着听课？（坐着听课。）
板书设计（注意板书的安排和彩色笔的颜色搭配，动态助词用红色突出）：
（动词 + 着）

放
背
画　　　zhe　　kàn
长　+　着　（看）——（让学生区别“着”和“看”的写法）
站
坐

2. 使用教室内的实物操练“着”的用法

老师通过动作引导学生观察并描述教室内的真实情景。

老师行为：老师把一本书和一支笔放在桌子上，请几位学生说说桌子上放了些什么。

老师引导语：

（1）老师的桌子上放着什么东西？（老师的桌子上放着一本书和一支笔。）

（2）你们的桌子上呢？（我们的桌子上放着……）

老师行为：把教室的门打开或者关上。

老师引导语：

（1）这是什么？（一扇门。）

（2）老师现在在做什么？（开门。/关门。）

（3）教室的门是开着还是关着？（开着。/关着。）

老师行为：请一位学生把窗户打开或关上。

老师引导语：

（1）这是什么？（一扇窗。）

（2）那位同学现在在做什么？（开窗。/关窗。）

（3）教室的窗是开着还是关着？（开着。/关着。）

老师行为：指着教室后面的时钟。

老师引导语：

（1）那是什么？（一个钟。）

（2）后边的墙上挂着什么？（后边的墙上挂着一个钟。）

老师行为：请一位学生上来示范举起椅子这个动作。
老师引导语：
（1）这是什么？（一把椅子。）
（2）老师让那位同学做什么？（举着椅子。）
（3）那位同学正在做什么？（举着一把椅子。）

老师行为：通过学生的服装打扮，让学生猜一猜他是谁。
老师引导语：
（1）这位同学穿着一件红色的外套。他是谁？
（2）这位同学戴着一副黑色的眼镜。他是谁？
（3）这位同学的脖子上围着一条灰色的围巾，他是谁？
另外，再请几位同学观察教室内的情景，用所学的语法点造一个句子。
板书设计（注意板书的安排和彩色笔的颜色搭配，动态助词用红色突出）：
放着　开着　关着　挂着　举着　穿着　戴着　围着
3．使用多媒体的图片操练“着”的用法
老师行为：展示图片①，通过引导请学生用所学的语法点描述图片。

（1）　　（2）　　（3）

老师引导语：这个小男孩在做什么呢？请用“着”来描述图片。
（1）小男孩抱着一个大西瓜。
（2）小男孩切着一个大西瓜。
（3）小男孩吃着一块西瓜。
4．展示课文图片，请学生用“着”来介绍图片，然后过渡到新课文的学习
老师引导语：
（1）第一张图有什么？他们在干什么？（狮子。他们在舞着狮子。）
（2）第二张图有什么？绳子上挂着什么？（中国结。绳子上挂着很多中国结。）

① 插画作者：暨南大学华文教育专业2015级A班学生徐汉忠。

（3）第三张图有什么？他们正在做什么？（有人在打鼓。他们正打着鼓。）

（四）学习课文——课本第 17～18 页（25 分钟）

1．老师口述一遍课文内容

老师在口述课文内容之前，提醒学生要认真听，因为会随时点名请学生回答问题。这个环节主要是锻炼学生听后理解的能力。

2．设疑问使学生对课文有初步的理解

老师：好了，看来大家都听了老师所说的内容。现在老师想让大家回答一些关于课文的问题，看看大家都听明白了没：

（1）课文里讲的主题是关于什么的？（是关于唐人街的国庆节的。）

（2）中国的国庆节是在什么时候举行的？（中国的国庆节是在十月一日举行的。）

（3）这一天，唐人街上到处都有什么？（这一天，唐人街上到处都挂着红灯笼和各式各样的中国结。）

（4）街上人很多，他们在做什么呢？（街上人很多，有的品尝着小吃，有的正在买纪念品。）

（5）饭店门前发生了什么？（饭店门前排着长长的队，人们都等着吃中国菜呢。）

（6）一群人走过来了，他们都在做什么？（一群人舞着狮子过来了，有的打着鼓，有的敲着锣，还有的吹着喇叭。）

（7）国庆节这一天，热闹吗？大家都高兴吗？（国庆节这一天很热闹，大家都高兴！）

（8）我们的国家有没有唐人街？庆祝国庆节的时候有没有书上说的那么热闹？还怎么庆祝呢？（有，花车游行，放鞭炮……）

老师：同学们都回答得非常好，给自己掌声鼓励。（拍手）看来大家都初步理解了，现在我们来看一看课文吧！请同学们翻开课本第 17 页。

3．展示课文，让学生齐读一遍课文，加深学生的印象

课文内容：

shí yuè yī rì shì zhōng guó de guó qìng jié　zhè yī tiān　táng rén jiē
十月一日是中国的国庆节。这一天，唐人街
shang dào chù dōu guà zhe hóng dēng long hé gè shì gè yàng de zhōng guó jié
上到处都挂着红灯笼和各式各样的中国结，
fēi cháng piào liàng
非常漂亮。

jiē shang rén hěn duō　yǒu de pǐn cháng zhe xiǎo chī　yǒu de zhèng zài
街上人很多，有的品尝着小吃，有的正在

mǎi jì niàn pǐn fàn diàn mén qián pái zhe cháng cháng de duì rén men dōu
买纪念品。饭店门前排着长长的队，人们都
děng zhe chī zhōng guó cài ne
等着吃中国菜呢。

kuài kàn yī qún rén wǔ zhe shī zi guò lái le yǒu de dǎ zhe gǔ yǒu
快看！一群人舞着狮子过来了，有的打着鼓，有
de qiāo zhe luó hái yǒu de chuī zhe lǎ ba shī zi huān kuài de tiào lái tiào
的敲着锣，还有的吹着喇叭。狮子欢快地跳来跳
qù zhēn yǒu yì si xiǎo péng yǒu men gēn zài shī zi hòu miàn pǎo zhe
去，真有意思！小朋友们跟在狮子后面，跑着、
xiào zhe gāo xìng jí le
笑着，高兴极了！

guó qìng jié zhè yī tiān táng rén jiē zhēn rè nao
国庆节这一天，唐人街真热闹！

4. 去掉课文上的拼音，让全班同学分为两组朗读一遍课文

十月一日是中国的国庆节。这一天，唐人街上到处都挂着红灯笼和各式各样的中国结，非常漂亮。

街上人很多，有的品尝着小吃，有的正在买纪念品。饭店门前排着长长的队，人们都等着吃中国菜呢。

快看！一群人舞着狮子过来了，有的打着鼓，有的敲着锣，还有的吹着喇叭。狮子欢快地跳来跳去，真有意思！小朋友们跟在狮子后面，跑着、笑着，高兴极了！

国庆节这一天，唐人街真热闹！

5. 全班同学看图认读一遍课文

请学生看图来进行认读，然后两组交换段落认读。

（图片：国庆节）是（图片：中国国旗）的国庆节。这一天，唐人街上到处都挂着（图片：灯笼）和各式各样的（图片：中国结），非常漂亮。

街上人很多，有的品尝着（图片：各种小吃），有的正在买（图片：纪念品）。饭店门前排着（图片：长长的队），人们都等着吃中国菜呢。

快看！一群人舞着（图片：狮子）过来了，有的（图片：打鼓）有的（图片：敲锣）还有的（图片：吹喇叭）。狮子欢快地跳来跳去，真有意思！小朋友们跟在狮子后面（图片：几个孩子跑着、笑着），高兴极了……

6. 复述课文

老师给学生一些提示语，让学生复述所学的课文。

（1）十月一日是……
（2）这一天，唐人街上到处都挂着……非常漂亮。
（3）街上人很多，有的……有的……
（4）饭店门前排着……
（5）快看！一群人舞着……过来了，有的……有的……还有的……
（6）狮子……真有意思！小朋友们跟在狮子后面……高兴极了！
（7）国庆节这一天……

7. 是非题练习
（1）一月十日是中国的国庆节。（　　）
（2）唐人街上到处都挂着红红的灯笼和中国结。（　　）
（3）饭店门前排着长长的队，人们都等着吃中国菜呢。（　　）
（4）一群人过来了，有的敲着鼓，有的打着锣，还有的吹着喇叭。（　　）
（5）小朋友们跟在狮子旁边，跑着、笑着，高兴极了！（　　）

（五）回顾今天所学的内容，布置课后作业（2 分钟）

让学生在课文中找出带“着”的句子，并把句子抄在本子上。请学生回家完成练习册第六册第 25 页和第 26 页的练习，并把课文抄写一遍。

（六）结束语（1 分钟）

好，今天我们就学到这里。同学们还有什么问题吗？如果没有问题，请同学们回家完成作业。明天交给老师，再见！

【教案点评】

杨紫虹同学在认真研读教材的基础上，把教案写得很规范，教学目标明确，重点突出，教学过程合理清晰，从复习生词、检查生词导入新课，接着从课文中引出语法“动词＋着”的教学，语法教学能从形式到运用由浅入深、循序渐进地进行。语法的教学方式灵活多样，有的用动作，有的用例句，有的用词语替换，有的由教师示范动作，有的请学生表演，有的请学生观察，做到结合学生实际，便于学生理解。讲解完语法能及时地给学生提供大量的练习机会，复习巩固语法点。

在课文的教学中能先由教师范读，学生带拼音读、去掉拼音读、换图片填空读，再到讲解课文、拓展课文，结合学生实际谈自己国家的唐人街、自己国家的国庆节，步步深入地理解课文。最后又从课文中找出语法点“动词＋着”，让学生反复练习。

教学过程中贯穿着启发式教学，讲练比例安排合理，在课堂上，对学生的听说读写都有训练，板书设计清晰，能用红色标记“着”，突出重点。

总之，这是一份比较成功的教案。

（点评教师：常芳清）

《中文》第六册第十课《屈原》

一、试讲学生

刘佩芬（2011 级 B 班，泰国）

二、指导教师

干红梅

三、教学对象

泰国小学五年级学生

四、使用教材

《中文》第六册

五、教学内容

（1）复习上次学的前一段课文。
（2）学后一段课文。
（3）学语法“为了……”。
（4）做课堂练习。

六、教学目标

（1）学生能整体感知屈原的故事。
（2）学生能流利地朗读课文。
（3）学生能简单复述端午节的来历。

七、教学重点

（1）理解课文《屈原》的内容。
（2）学会用“为了……”造句。

八、教学难点

（1）学生对课文内容的理解。
（2）学会用“为了……”造句。

九、教具准备

多媒体（PPT）、图片、白板

十、教学时间

15 分钟左右

十一、教学过程

（一）导入语（1 分钟）

同学们好！上课之前老师先给同学们看一张照片（粽子的照片）。你们知道这张是什么照片吗？（学生回答）对了这就是粽子，看到粽子，你们会想到哪个节日呢？（学生回答）对了，同学们都很厉害。那如果说到端午节，你们会想起谁呢？（学生回答）对了，是屈原。今天我们要上的课就是第十课《屈原》。

（二）学习课文（11 分钟）

好！昨天同学们已经学了课文的前一段，那今天我们来继续学后一段吧。这后一段课文是讲屈原和端午节的关系的，但是我们要先复习上次学的课文的前一段。

请同学们一起读一遍。

前一段课文的内容：

在两千三百多年前，中国有一位著名的爱国诗人叫屈原，他一生写了许多爱国的诗篇。直到今天这些诗篇还深受人们喜爱，他的爱国精神还被人们称颂。

屈原是当时楚国的一位大臣，他非常热爱自己的国家，希望自己的祖国繁荣富强。他多次向楚王提出自己的政治主张，却受到了楚王和另外一些大臣的反对，还被赶出了都城。

同学们已经理解这段课文了对吧？接下来我们来学后一段好吗？（学生回答）请同学们跟着老师读。

后一段课文的内容：

后来，屈原在六十二岁那一年，看到自己的国家灭亡了，他的希望也完全破灭了，就在农历五月初五这一天投江自尽了。

屈原投江的消息传开后，人们悲痛万分，都争着划船去寻找他。大家担心江中的鱼会伤害屈原的身体，就用竹叶把米包起来，做成粽子，丢到江里喂鱼。

从此，为了纪念伟大的爱国诗人屈原，人们就在每年的农历五月初五这一天赛龙舟，包粽子。这一天就是中国的端午节。

老师先解释比较难的生词：

（1）灭亡：（国家）不再存在了。

（2）破灭：（希望的事情）没有达到；希望没有了；没有希望了。

（3）悲痛万分：非常伤心。

好！接下来老师来解释课文内容的意思。

解释：后来，就是屈原被赶出了都城之后，在他六十二岁那一年，屈原的希望为什么破灭了呢?(学生回答)对了，因为他看到自己的国家灭亡了，已经不再存在了，他的国家是楚国，那时候是被秦国打败的。屈原就在农历五月初五这一天做了什么?(学生回答)对了，屈原就投进江里自杀了。

屈原投江的消息传开后，意思是人们都知道了，人们觉得怎么样?(学生回答)对了，人们非常伤心，他们就划着船去找屈原。可是最后找不到，大家很担心，就丢粽子到江里去，为什么要把粽子丢到江里去呢?是不是要给屈原吃?(学生回答)好，同学们很棒，是为了喂鱼，那为什么要喂鱼呢?(学生回答)对了，是为了不让鱼伤害到屈原的身体。谁知道粽子是怎么做的?(学生回答)很好，它是用竹叶把米包起来。

从此，就是从屈原自杀的那一天起到现在，为了纪念屈原，人们就在五月初五这一天举行了什么活动?(学生回答)对了，赛龙舟和包粽子。这一天就是中国的端午节。

现在有哪位同学对这篇课文不理解吗?(学生回答)

好，既然同学们已经理解了，那就请同学们一起读一遍。(学生朗读)好，同学们读得很好。

刚刚同学们读课文的时候，有注意到红色的字吗?是哪个字呢?(学生回答)好!“为了……”是怎么用的呢?老师来解释。

“为了……”是介词，表示目的。由“为了”组成的介词结构可以作状语或宾语。作状语时一般放在句首或主语后面。

> 为了(目的/原因)……(做什么)……

例子：为了减肥，我每天都吃蔬菜。

在白板上贴图片：很胖的女人、蔬菜。

现在同学们知道了吗?“为了……”是怎么用的?(学生回答)老师请大家看下面三幅图，请大家用“为了……”造句。

PPT1：展示图片：存钱罐。旁边是句子：我每天都存钱。

展示图片：布娃娃。旁边是句子：我想买布娃娃。

指导语：用“为了……”造句。

等学生说完之后，PPT 显示句子：为了买布娃娃，我每天都存钱。

PPT2：展示图片：在健身房锻炼身体。旁边是句子：天天锻炼身体。

展示图片：小朋友。旁边是句子：我想身体健康。

指导语：用“为了……”造句。

等学生说完之后，PPT 显示句子：为了身体健康，我天天都锻炼身体。

PPT3：展示图片：很多汉语书。旁边是句子：我天天看汉语书。

展示图片：小朋友。旁边是句子：我要考 HSK6 级。

指导语：用“为了……”造句。

等学生说完之后，PPT 显示句子：为了考 HSK6 级，我天天都看汉语书。

现在请同学们一起读以下两个例子：

（1）为了学好汉语，他想了不少办法。

（2）为了更好的未来，我要好好学习，努力考大学。

（三）课堂练习（3 分钟）

现在请同学们来回答问题。

问题 1：屈原为什么要投江自尽呢？

答案：因为屈原看到自己的国家灭亡了，他的希望也完全破灭了，所以就投江自尽了。

问题 2：人们听到屈原投江了之后，为什么要把粽子丢到江里呢？

答案：大家担心江中的鱼会伤害屈原的身体。

问题 3：为了纪念伟大的爱国诗人屈原，人们在每年的农历五月初五这一天举行什么活动？

答案：赛龙舟和包粽子。

问题 4：农历五月初五这一天是中国的什么节日？

答案：端午节。

同学们很棒，这些问题同学们都能回答，还回答得很好，表示同学们已经理解这篇课文了。

（四）作业布置（0.5 分钟）

请同学们回去画一画端午节的活动场面，下个星期交给老师。

（五）结束语（0.5 分钟）

今天我们就学到这儿，下课吧。

【教案点评】

该教案把课堂上可能说到的每一句话都写了出来，非常详细地展示了教学的整个过程，对于教学经验较少的新教师来说，详案是非常必要的。

该教案条理清楚，教学重点突出。通过师生问答来帮助学生理解课文意思；通过多种形式的读提高学生的朗读能力；通过生动的图片设计出生活中常见的情景，引导学生学习表示目的的关联词“为了……”，先由教师给出范例，再由学生自己根据图片情景造句，循序渐进，将教学难点巧妙地分解了。

、

（点评教师：干红梅）